韓國의 漢詩 85

三宜堂 金氏 詩選

한국의 한시 85
三宜堂 金氏 詩選

허경진 옮김

평민사

머 리 말

　삼의당 김씨는 우리 문학사에서 특이한 여성 시인이다. 한 마을에서 자란 동갑내기끼리 혼인했다는 점도 특이하지만, 점필재 김종직과 경재 하연의 후손으로 몰락한 향반 출신의 부부가 만나고 헤어질 때마다 시를 주고받았다는 점도 특이하다. 남편 하립의 문집이 남아 있지 않아 그의 문학 수준이라든가 그의 문학에서 차지하는 아내 삼의당 김씨의 비중을 확인할 수는 없지만, 삼의당의 시집에 나타난 부부의 모습은 그가 시에서 노래한 양홍과 맹광 못지않게 이상적이다. 하립은 부인에게서 격려도 받았고 위로도 받았으며, 충고도 듣고 사랑도 받았다.

　『삼의당김부인유고』에서 눈여겨 볼만한 점은 시골에 사는 부부가 자연스럽게 시를 주고받았다는 점과 한 집안의 운명이 과거시험에 달렸다는 점인데, 이 두 가지는 조선시대 한문학의 본질이기도 하다. 조선시대 지식인들에게 한시는 생활 그 자체여서, 기쁨과 슬픔, 노여움과 원망을 모두 시로 풀어냈다. 그랬기에 직업시인도 아닌 시골 농부의 아내 삼의당 김씨가 238수나 되는 한시를 짓고, 26편이나 되는 산문을 지었던 것이다. 지식인들의 직업은 벼슬밖에 없었는데, 벼슬을 얻기 위해서 한평생 과거시험에 매달려야 했고, 이십 년 정도 응시하다 계속 떨어지면 포기해야 했는데, 그때 가서 선택할 수 있는 직업은 서당 훈장이나 농사 밖에 없었다. 어쩌다 장삿길에 나선 몰락한 양반도 있었지만, 사농공상의 직업층에서 가장 천하게 여겼던 장삿길에 한번 나서면 그의 후손들도 과거시험에 응시할 수 없었기에 대부분은 농사나 지으며 후대를 기약해야 했다. 원래 물려받은 재산이 적었던 삼의당 부부 같은 경우에 생활의 어려움은 이루 말할 수 없었다.

  중앙에서 활동하던 사대부 집안의 딸들에게 한문교육을 시킨 예가 이따금 확인되었는데, 몰락한 향반의 딸인 삼의당 김씨가 이 정도의 한시를 짓고 남편에게 권면하는 산문까지 지은 것을 보면, 조선시대 한문학의 지도를 다시 그려야하지 않을까 생각한다. 그런 의미에서, 혼인한 첫날밤에 부부가 주고받은 시를 독자들이 관심있게 읽어주기를 부탁드린다.

  원문을 입력해준 곽미선 선생과 해설을 써주신 황수연 선생께 감사드린다.

2007년 12월
허경진

三宜堂 金氏 詩選·차례

□ 머리말 / 5

계례를 치르고 시를 읊다 ■ 11
글을 읽고 느낌이 있어 ■ 16
제목 없이 ■ 22
시집가는 언니를 배웅하다 ■ 25
첫날밤 낭군을 맞으면서 ■ 28
낭군이 내가 거처하는 집에 삼의당이라 편액을 걸었다. 벽에 가득한 글씨와 그림은 모두 옛날의 열녀·정부·효자·충신 뿐이고, 섬돌에 둘린 꽃과 나무는 모두 모란·작약·소나무·대나무·난초·국화뿐이다. 낭군이 시를 지어 화단에 붙였으므로 내가 화답하였다 ■ 30
낭군께 화답한 시 ■ 32
낭군과 달빛 속에 노닐다가 ■ 34
낭군이 산에 들어가 글을 읽다가 시를 지어 보내왔기에 내가 화답하다 ■ 36
낭군이 산에 머물며 몇 년 동안 열심히 공부하다가 아버님의 가르침을 받고 서울로 가시기에 내가 시를 지어 드리다 ■ 38
남편이 서울에서 보낸 편지 끝머리에 시를 붙였기에 나도 화답하였다 ■ 40
서울 계신 낭군께 ■ 42
과거시험 뒤에 스스로 읊다 ■ 44
낭군께서 서울에 계시면서 한 해가 지나도 돌아오지 않아 내가 시를 지어 사사로운 심정을 폈다 ■ 45
봄날 규방의 노래 ■ 46
봄 경치 ■ 48
꽃을 꺾으며 ■ 50

三宜堂 金氏 詩選·차례

꽃을 마주하고 ■ 51
봄날 괴로운 노래 ■ 52
가을밤 규방에서 지은 노래 ■ 54
가을밤 비가 내리네 ■ 55
가을달 ■ 56
맑은 밤에 물을 긷다 ■ 57
서창 ■ 58
옷을 다듬이질하며 ■ 59
열두 달 노래
  정월 대보름 ■ 60
  칠월 칠석 ■ 61
님을 만나다 ■ 62
절강 춘원곡을 짓다 ■ 63
길가에서 뽕 따는 여인을 보고 읊다 ■ 66
큰 길 ■ 67
광한루 지나면서 강선사를 읊다 ■ 68
성 동쪽을 지나며 읊다 ■ 69
꽃 만발한 가지 ■ 70
능한각을 지나며 읊다 ■ 71
낭군께서 뜻을 이루지 못하고 돌아오셨기에 ■ 72
낭군께서 또 산에 들어가 독서하는데, 칠석을 맞아 시를 보내오셨기에 화답하다 ■ 74
산에 들어간 낭군께 부치다 ■ 76
서울 가시는 낭군께 드리다 ■ 79
낭군이 서울로 가는데 떠나는 마당에 술을 권하며 옛사람의 권주가를 본떠 노래를 불러 흥을 돕다 ■ 82
낭군을 모시고 떨어지는 꽃을 보며 읊다 ■ 84

초당에서 낭군의 시를 모시고 읊다 ■ 86
낭군과 함께 읊다 ■ 88
낭군이 산 남쪽에 두어 경의 밭을 사서 농사에 힘쓰기에 농가(農歌) 몇 편을 지어 부르다 ■ 90
봄날 ■ 92
시골에 살며 짓다 ■ 93
목동의 피리 소리 ■ 94
판서 권엄 공은 시할아버님과 친하셔서 늘 서신으로 안부를 물으셨는데, 진지하게 예를 갖추었다. 편지 묶음이 아직도 전해지기에 펼쳐보며 시를 짓다 ■ 96
외국에서 온 술병이 상했기에 ■ 97
임술년 겨울 남원에 집을 빌려 살던 학사 심상규가 대나무를 심고 시를 짓자 낭군께서 들려 주시기에 그 시에 차운하다 ■ 98
시아버님 장례 빚을 갚으러 낭군이 외지에 가신다기에 ■ 100
수문장 방우정 공이 막부의 보좌로 와서 흰 둥글부채를 보내자 낭군이 그 위에 시를 쓰기에 내가 차운해 지었다 ■ 102
낭군이 흰 베로 방 수문장에게 사례했는데 내가 낭군을 대신해 썼다 ■ 103
둘째 딸을 시집보내며 ■ 104
담락당 오형제의 효행을 삼가 쓰다
　선조를 공경하여 제사지내다 ■ 106
　아우들을 신칙하다 ■ 107
제목 없이 ■ 108
학문을 권하며 읊다 ■ 109
회포를 쓰다 ■ 110
시골에 살며 짓다 ■ 111
초당에서 짓다 ■ 113

三宜堂 金氏 詩選・차례

완산의 남천교를 지나며 ■ 117
경오년 구월에 낭군이 향시에 합격하고 서울의 회시에 응시하러 가시므로 내가 시를 지어 배웅하다 ■ 118

부록
혼인한 날 밤 이야기 ■ 121
삼의당 시선 해설 ■ 125
原詩題目 찾아보기 ■ 132

계례를[1] 치르고 시를 읊다

1.
열세 살에 얼굴이 꽃 같더니
열다섯 되며 말소리 실 같아졌네.
내칙은 이모님에게 들었고
새 단장은 어머니에게 배웠네.
머리 묶어 겨우 쪽머리 만들었지만
눈썹 높이까지 밥상 받들어 섬길 수 있네.[2]
떨어진 매실이 벌써 세 개나 되었으니[3]
바구니 기울여 담아 주세요.[4]

笄年吟 三首

十三顔如花, 十五語如絲.
內則從姆聽, 新粧學母爲.
束髮纔成髻, 擧案能齊眉.
摽梅已三實, 傾筐又墍之.

■
1. 조선시대에 15세가 넘으면 남자는 관례(冠禮)를 치르고, 여자는 계례를 치렀다. 이는 통과의례인 관혼상제(冠婚喪祭)의 첫 번째 성인의식이었다. 계례 받을 소녀의 어머니가 중심이 되고 친척 가운데 예법을 아는 부인을 주례로 삼아 시행했다. 주례가 계례자에게 비녀를 꽂아주면 계례자는 방으로 가서 배자를 입었으며, 주례가 자(字)를 지어주기

도 했다. 주인은 계례자를 데리고 사당으로 가서 조상에게 고한 다음, 손님을 대접했다. 여자들의 계례는 남자들의 관례만큼 보편화되지는 않았지만, 예법을 존중하는 가문에서는 시행하였다. 계례를 치르면 그 날부터 비녀를 찔렀는데, 대개의 경우에는 계례를 따로 치르지 않고 혼인으로 계례를 대신했다. 혼인 때 신부는 신랑이 신부 집 앞마당에 들어설 때부터 머리를 빗기 시작하여, 쪽을 틀고 비녀를 꽂았다.

2. 후한(後漢) 때 양홍(梁鴻)의 아내 맹광(孟光)이 뚱뚱하고 못생긴 데다 얼굴까지도 검었다. 나이 서른이 될 때까지 짝을 찾기에 부모가 물었더니, "양홍만큼 어진 사람을 구한다"고 했다. 양홍이 그 소식을 듣고는 맹광에게 청혼하였다. 맹광이 양홍에게 시집갔는데, 매우 화려한 옷에다 아름다운 장식을 하였다. 그랬더니 이레가 되어도 양홍이 돌아보지 않았다. 맹광이 그제서야 나무비녀에 베옷차림으로 나왔더니, 양홍이 기뻐하면서 "이 사람이 참으로 양홍의 아내이다"라고 말하였다. 나중에 양홍과 함께 패릉산 속으로 은둔하여, 밭을 갈고 김을 매며 베를 짜서 입을 것과 먹을 것을 마련하였다.

이들은 부부 사이에 금실이 좋으면서도 서로 공경하였다. 양홍이 남의 절구를 찧어 먹고 살았는데, 맹광이 밥상을 내오면서 남편을 감히 쳐다보지 못하였다. 밥상을 눈썹 높이까지 나란하게 들어올려 바쳤다. 중국 역사상 이상적인 부부로 손꼽힌다.

3. 매실이 다 떨어지고
  그 열매 셋만 남았네.
  나를 데려가실 총각님네들
  오늘 당장 장가드셔요.
  標有梅. 其實三兮.
  求我庶士, 迨其今兮. -『詩經』召南「標有梅」

4. 매실이 다 떨어져
  광주리에 주워 담았네.
  나를 데려가실 총각님네들
  말씀만 해주시면 따르겠어요.
  標有梅. 頃筐墍之.
  求我庶士, 迨其謂之. -『詩經』召南「標有梅」

위의 시 마지막 연인데, 혼기가 지나가며 다급해진 처녀의 호소이다.

2.
깊은 규방 속에서 자라나
아리땁게 천성을 지켰네.[1]
일찍이 「내칙」 편을 읽고
가문의 내력도 익혀 알았네.
어버이에게 효도를 다하고
남편에게는 공경해야지.
잘하는 일도 못하는 일도 없이
순종함만이 바른 몸가짐이지.[2]

生長深閨裏, 窈窕守天性.
曾讀內則篇, 慣知家門政.
於親當盡孝, 於夫必主敬.
無儀亦無非, 惟順以爲正.

■
1. 구륵구륵 징경이는
   황하 섬 속에 있고,
   아리따운 아가씨는
   군자의 좋은 짝일세.
   關關雎鳩. 在河之洲.
   窈窕淑女, 君子好逑. -『詩經』周南「關雎」

원문의 '요조(窈窕)'는 요조숙녀의 수식어로, 아리땁다는 뜻이다.

2. 만약에 딸을 낳으면
   맨땅바닥에 뉘어 놓고,
   포대기로 둘러
   오지 실패나 가지고 놀게 하겠네.
   잘하는 것도 못하는 것도 없이
   술 빚고 밥 짓는 일이나 관심을 가져
   부모에게 걱정이나 않게 하겠네.
   乃生女子, 載寢之地.
   載衣之裼, 載弄之瓦.
   無非無儀, 唯酒食是議, 無父母詒罹. -『詩經』小雅「斯干」

새 집을 짓고 아들 딸 낳아 행복하게 사는 사람의 기쁨을 노래한 시 「사간(斯干)」의 마지막 연인데, 남녀차별 의식이 엿보인다.

3.
일찍이 성인의 글을 읽어
성인이 가르친 예의를 알았네.
삼천 가지 예의[1] 가운데
남녀유별이 가장 자세하네.
남자는 안의 일을 말하지 않고
여자는 밖의 일을 말하지 않는 법,
안과 밖의 분별이 이미 있으니
마땅히 성인의 훈계를 지키리라.

早讀聖人書, 能知聖人禮.
禮儀三千中, 最詳男女別.
男不言乎內, 女不言乎外.
內外旣有別, 當遵聖人戒.

■
1. 성인의 도는 넉넉해서, 예의(禮儀)가 삼백에 위의(威儀)가 삼천이나 된다. -『중용』
『예기』「예기(禮器)」 편에 "경례(經禮) 삼백, 곡례(曲禮) 삼천"이라고 했는데, 예의는 중사(中士)의 관례, 제후의 관례, 천자의 관례 등 커다란 예절 삼백여 가지이고, 곡례는 위의, 즉 그 아래의 작은 예절 삼천여 가지이다.

글을 읽고 느낌이 있어

1.
겨울에는 글 읽고 여름에는 시 읊어
서재에서 하는 공부가 철따라 다르네.
『논어』를 가져다 수양하는 법 살펴보니
덕에 들어가는 기본이 「학이」편에 있구나.

讀書有感 九首

冬讀其書夏詠詩. 鷄窓事業各隨時.
聊將魯論看心法, 入德之基在學而.

2.
풍속 교화는 주남편에[1] 많이 있어
『시경』[2] 한 부가 지금까지 전하네.
호남 거리 살펴보니 노래 많건만
어느 누가 채집하여[3] 관현에 얹으랴.

風化周南已蔚然. 葩經一部卽今傳.
試看湖巷歌謠起, 人孰采之被管絃.

■
1. 주남(周南)은 지명이자 『시경』의 편명이기도 한데, 옛날의 학자는 이렇게 설명하였다. '주(周)'는 나라 이름인데, 주나라 문왕의 할아버지 태왕(太王), 즉 고공단보가 도읍한 땅으로 기산(岐山)의 남쪽에 있었다. 태왕의 아들 계력을 거쳐 문왕에 이르러 도읍을 다시 풍으로 옮기고, 옛 기주(岐周)의 땅을 나누어 주공(周公) 단(旦)과 소공(召公) 석(奭)의 채읍(采邑)으로 하였다. '남(南)'은 주공이나 소공의 덕화가 남쪽까지 행해졌다는 뜻에서, 이를 주남과 소남으로 구별했다고 한다.
주자는 또 이렇게 설명하였다. 주공으로 하여금 국내에서 정치하게 하고 소공에게는 제후들을 다스리게 하여, 덕화가 크게 이루어졌다. 주공이 주나라에서 모은 시에 남쪽 나라의 시가 섞여 있어 이를 「주남」이라 하고, 소공이 남쪽 여러 나라에서 모은 시를 「소남」이라 하였다.
2. 당나라 문장가 한유(韓愈)가 "『시경』에 실린 시가 바르면서도 아름답다[詩正而葩]"고 평한 뒤부터, 『시경』을 '파경'이라고도 불렀다.

3.
성정에서 나오는 것이 바로 시이니
시를 보면 참으로 그 사람을 아네.
마음속에 있는 것이 밖으로 나와
다른 사람 속이려 해도 속일 수 없네.

出於性情方爲詩. 見詩固可其人知.
存諸中者形諸外, 雖欲欺人焉得欺.

3. 『예기』「왕제(王制)」에 "천자는 5년에 한 차례 (지방을) 순수하며 태사에게 명해, 시를 아뢰게 하여 민풍(民風)을 살폈다"고 하였다. 『한서(漢書)』「식화지(食貨志)」에도 "맹춘(孟春)에 행인이 목탁을 두드리고 길에 다니며 시를 채집하여 태사에게 바쳤다"고 하였다. 이러한 기록을 증거로 하여, 시를 채집하여 정치에 반영했다는 학설이 있다.

4.
맑은 새벽에 앉아서 소남 시를 읽는데
매실 주우며 혼인 생각한다니[1] 그리운 마음 비슷하구나.
이에서 비로소 시 보는 법을 알겠으니
글만 보고서 그 뜻을 해치면 안되네.

淸晨坐讀召南詩. 墍梅懷春若相思.
於此始知觀詩法, 其意不可害以辭.

■
1. 매실이 다 떨어지고
  그 열매 일곱만 남았네.
  나를 데려가실 총각님네들
  길일을 받아서 빨리 장가드셔요.
  摽有梅, 其實七兮.
  求我庶士, 迨其吉兮. -『시경』소남「표유매(摽有梅)」

5.
정성과 위성이 어찌 『시경』에 실렸나.
인심을 경계하는데 이만한 게 없기 때문일세.[1]
세상 사람들은 공자님[2] 뜻 알지 못하고
음탕한 정 끌어내어 흉내내려 하네.

鄭衛音何載在詩. 人心懲創莫如斯.
世人不識宣尼意, 惹出淫情反效爲.

■
1. 정풍(鄭風) 21편은 모두 주나라가 동쪽으로 옮겨간 이후의 작품인 듯한데, 대부분이 연애시여서 예부터 음풍(淫風)이라고 불려졌다. 그래서 공자도 "자줏빛이 붉은빛의 자리를 빼앗는 것을 미워한다. 정나라의 소리가 아악(雅樂)을 어지럽히는 것을 미워한다. 날카로운 입이 나라와 집안을 뒤집어엎는 것을 미워한다"고 말했다.
2. 공자의 이름은 구(丘)이고, 자는 중니(仲尼)이며, 사후에 문선왕(文宣王)으로 추증되었다.

7.
사람이 불효하면 어찌 사람이라 하랴.
신하가 불충하면 신하가 아니지.
효성스럽고 충성스러운 사람 보기 드무니
세상 사람들 모두가 자기 몸을 해치네.

人如不孝豈云人. 臣若非忠罔是臣.
能孝能忠吾罕見, 世間都自賊其身.

제목 없이

1.
효도는 내 어버이에게서 시작하고
공경은 내 형에게 먼저 하는 것.
참으로 이 두 가지만 채울 수 있으면
천하에 다른 것 채울 게 없네.

無題 五首

孝始於吾親, 悌先乎我兄.
苟能充二者, 天下莫能盈.

2.
인(仁) 의(義) 예(禮) 지(智) 신(信)은
사람에게 없어서 안되는 것들이지만,
다섯 가운데 신(信)이 가장 귀하니
그것으로 날마다 내 몸을 살피리라.[1]

仁義禮智信. 無不具乎人.
五者信爲貴, 日以省吾身.

■
1. 증자가 말하였다. "나는 날마다 세 번 스스로를 반성한다. 남을 위하여 일할 때에 충실하지 않았는가? 벗들과 사귀면서 미덥지 않았는가? 전해 받은 학업을 익히지 않았는가?"
曾子曰 "吾日三省吾身, 爲人謀而不忠乎. 與朋友交而不信乎. 傳不習乎."
- 『論語』「學而」

3.
어려서는 배우기를 좋아하고
자라서는 그것을 실천해야지.
속에 쌓이면 반드시 밖으로 드러나니
어찌 남들이 몰라줄까 걱정하랴.

幼而能好學, 壯而能行之.
積中必形外, 何患人不知.

시집가는 언니를 배웅하다

1.
저 동산 바라보니
복사꽃 아리땁네.
우리 언니 시집가는데
여섯 마리 말고삐가 나란하구나.
저 성 남쪽으로
까마득히 멀어져 가건만,
같이 가지 못하니
내 마음 타는 듯하네.

送兄于歸 三章

瞻彼東園, 有桃夭夭.
我兄其歸, 六轡是調.
于彼城南, 去路迢迢.
未作同歸, 我心如焦.

2.
저 강물 바라보니
신혼 수레가 나루를 건너네.
우리 언니 시집가면
그 집 살림 잘 하리라.[1]
저 훌륭한 집안에서
새색시 맞이하건만,
같이 가지 못하니
슬프구나. 나 여자의 몸이여.

瞻彼泉源, 征車涉津.
我兄其歸, 宜其家人.
于彼賢門, 爰迎其新.
志不同行, 嗟我女身.

■
1. 복숭아나무 하늘하늘한 가지에
　 푸른 잎사귀 무성하네.
　 저 아가씨 시집가서
　 온 집안 식구를 화락케 하리.
　 桃之夭夭, 其葉蓁蓁.
　 之子于歸, 宜其家人. -『詩經』周南「桃夭」

3.
저 먼 길 바라보니
흰 구름이 일어나네.
우리 언니 시집가며
좋은 님을 멀리 따르네.
저 헤어지는 정자에는
저녁 노을이 십리 깔렸는데,
이는 먼지 바라보니
내 마음 타는 듯해라.

瞻彼長程, 白雲初起.
我兄其歸, 遠從吉士.
于彼離亭, 夕陽十里.
悵望行塵, 我心如燬.

첫날밤 낭군을 맞으면서

열여덟 살 새신랑과 새색시
아름다운 인연이 있어 신방에 촛불 밝혔네요.
같은 해 같은 달에 태어나 같은 마을에 살았으니
이 밤에 서로 만난 것이 어찌 우연이겠어요.

十八仙郞十八仙. 洞房花燭好因緣.
生同年月居同閈, 此夜相逢豈偶然.

배필이 정해지면 생민(生民)이 시작되니
군자들이 이 예법을 만든 까닭이지요.
공경하고 순종하는 것만이 부인의 도리이니
종신토록 낭군님 뜻을 어기지 않겠어요.

配匹之除生民始. 君子所以造端此.
必敬必順惟婦道, 終身不可違夫子.

■
* 제목이 무척 긴데, 그 뜻은 이렇다. "같은 마을에 하씨가 있었는데, 집은 가난하지만 대대로 글을 잘 지어 이름이 났다. 아들 여섯을 두었는데, 그 셋째가 립(湿)이다. 풍채가 뛰어났고 재주가 민첩하므로, 부모님들이 그 집에 갈 적마다 그를 보고 기특하게 여겼다. 중매할미를 보내어 결혼할 것을 약속하고는 드디어 예식을 올렸다. 첫날밤에 낭군께서 잇달아 절구 두 수를 읊기에 내가 이어서 화답하였다.(同里有河氏家雖貧而世以文學鳴有子六人其第三曰湿風彩俊偉才藝通敏父母每往見奇之遣媒妁結婚姻遂行奁禮禮成之夜夫子連吟二絶妾連和之)"

* 원래 결혼한 첫날밤에 남편이 삼의당에게 지어준 시는 이렇다

함께 만난 우리는 광한전의 신선이었지.
오늘밤부터 분명히 옛 인연을 계속하네.
짝을 만나는 것도 원래 하늘이 정해주신 것이니
세상의 중매쟁이들은 공연히 바쁘기만 했네.

附夫子詩

相逢俱是廣寒仙. 今夜分明續舊緣.
配合元來天所定, 世間媒妁摠紛然.

부부의 도는 인륜의 시작이니
만복이 여기에서 근원하는 까닭일세.
도요시(桃夭詩) 한 편을 시험 삼아 보시게
가족 화목함이 그대에게 달렸다오.

夫婦之道人倫始. 所以萬福原於此.
試看桃夭詩一篇, 宜室宜家在之子.

낭군이 내가 거처하는 집에 삼의당이라 편액을 걸었다. 벽에 가득한 글씨와 그림은 모두 옛날의 열녀·정부·효자·충신 뿐이고, 섬돌에 둘린 꽃과 나무는 모두 모란·작약·소나무·대나무·난초·국화 뿐이다. 낭군이 시를 지어 화단에 붙였으므로 내가 화답하였다

세상에 군신 아님이 없으니
초목도 그러한데 하물며 사람임에랴.
효성스럽고 우애 깊은 우리 집안 자제들
한 마음 충의에 집안 가득 봄이네요.

夫子扁我所居曰三宜堂書畵滿壁惟古之烈女貞婦孝子忠臣花卉繞砌惟牧丹芍藥松竹蘭菊夫子賦詩題其塢妾和之

世間莫不有君臣. 草木猶然況是人.
孝悌吾門諸子弟, 一心忠義滿家春.

* 남편이 지은 시는 이렇다

화왕과 화상이 군신을 본떴으니
젊은 선비 잿빛 수염 또한 절개 있는 사람일세.
그대의 평생 충효하는 마음이
삼의당 밖 정원 가득 봄일세.

附夫子詩

花王花相象君臣. 靑士蒼髥又節人.
之子平生忠孝意, 三宜堂外滿庭春.

낭군께 화답한 시

1.
당신께 이르러 십이 세이니
문효공[1] 집안에서도 충효한 자손이시지요.
오랫동안 쇠했다고 왜 근심하시나요.
선행 쌓으신 선조 때에 이미 높은 집안이었지요.

和夫子詩 二首

逮子之躬十二世. 文孝家中忠孝孫.
何患乎今零替久, 積善先祖已高門.

■
1. 문효(文孝)는 세종, 문종 때에 영의정을 지낸 하연(河演, 1376~1453)의 시호이다.

* 남편이 먼저 지어준 시는 이렇다

나는 문효공의 후예이고
그대는 탁영공¹ 자손이지.
선조 추억하다 눈물 흐르니
한 시대 두 가문이 영락했구려.

附夫子詩

我是文孝公後裔, 子又濯纓公之孫.
追想先世因感涕, 一代零替兩家門.

---

1. 탁영(濯纓)은 「조의제문(弔義帝文)」을 지어 무오사화의 빌미를 주고 능지처참을 당한 교리 김일손(金馹孫 1464~1498)의 호이다.

낭군과 달빛 속에 노닐다가

하늘엔 밝은 달빛이 가득, 뜰엔 꽃이 가득한데
꽃그림자 어울린 데다 달그림자까지 어울렸네요.
달빛인 양 꽃인 양 낭군님 마주보고 앉았노라니
세상의 영욕 따위야 누구네 집에 있는 이야긴지요.

滿天明月滿園花. 花影相添月影加.
如月如花人對坐, 世間榮辱屬誰家.

---

* 원 제목이 무척 길다. "낭군을 모시고 동쪽 정원 달빛 속에 노닐다가 꽃그림자가 뜰에 가득한 것이 너무 좋아서 낭군이 절구 한 수를 읊고, 내가 그 운을 따라 다시 지었다.(奉夫子夜至東園月色正好花影滿地夫子吟詩一絶妾和之)"

* 남편이 먼저 지어준 시는 이렇다

삼경의 밝은 달빛 아래 봄꽃도 한창인데
꽃이 화려한 데다 달빛까지 더하였네.
달 따라가며 꽃구경 하니 임도 따라와
보기 드문 광경이 우리 집에 있구려.

附夫子詩

三更明月仲春花. 花正華時月色加.
隨月看花人又至, 無雙光景在吾家.

낭군이 산에 들어가 글을 읽다가 시를 지어 보내왔기에 내가 화답하다

옛사람이 글을 좋아해 편지는 냇물에 던져 버렸다고[1]
이런 뜻을 그대 처음 보내며 말씀드렸지요.
베틀 위에서 짜던 베를 아직 끝내지 못했으니
낭군께서 다시는 악양자처럼[2] 하지 마세요.

夫子入山讀書以詩寄之妾和之

古人好讀澗投書, 此意嘗陳送子初.
機上吾絲未成匹, 願君無復樂羊如.

■
1. 호원(胡瑗)과 손복(孫復)이 태산에서 열심히 글을 읽었는데, 집에서 편지가 오면 '평안(平安)' 두 글자만 확인하고 냇물에 던져버렸다. 사람들이 그 냇물을 '투서간(投書澗)'이라 하였다.
2. 악양자가 스승을 찾아 공부하다가 일년 만에 돌아오자 아내가 칼을 가지고 베틀로 달려가며 말했다. "그대가 학문을 쌓다가 중도에서 돌아온 것은 이 베를 자르는 것과 무엇이 다르겠습니까?" 양자가 다시 돌아가 학업을 계속하였다. 『후한서』권114에 나오는 이야기이다.

* 남편이 먼저 지어준 시는 이렇다.

한밤중 산사 등불로 옛 책을 읽고 있다오.
부모를 영화롭게 하자는 맹세를 신혼 초에 했었지요.
베갯머리에서 이따금 집에 가는 꿈을 꾸니
쇠절구공이를 갈던[1] 광암 같지 못할까 두렵다오.

附夫子詩

半夜山燈讀古書. 榮親一誓宴新初.
枕邊時有還家夢, 磨鐵匡庵恐不如.

---

1. 마침계(磨針溪)는 상이산(象耳山) 아래 있다. 이태백(李太白)이 이 산속에서 독서하다가 뜻을 이루지 못해 포기하고 이 냇물을 지나가는데, 한 노파가 쇠절구공이를 가는 것을 보았다고 한다. (이상히 생각하고) 그 까닭을 묻자, "(쇠절구공이를 갈아서) 바늘을 만들려고 한다"고 대답했다. 태백이 독서를 포기했던 자신을 부끄럽게 여기고 산속으로 돌아가, 드디어 학업을 마쳤다고 한다. - 축목(祝穆)『방여승람(方輿勝覽)』미주(眉州)「마침계(磨針溪)」

낭군이 산에 머물며 몇 년 동안 열심히 공부하다가 아버님의 가르침을 받고 서울로 가시기에 내가 시를 지어 드리다.

1.
어버이를 영화롭게 할 뜻 아니라면
내 어찌 낭군님과 헤어지겠어요.
이별의 술잔에는 호수 위 달이 떴고
서울 가는 길에는 낙양의 구름이 덮였네요.
북쪽 바다의 붕새가 날개를 높이 쳐들었으니[1]
천리마 무리를 잘 따르셔야지요.
남아 대장부가 뜻을 위해 죽어야지
어찌 반드시 여인네만 그리워하겠어요.

夫子居山數年勤其業受父訓將入于京妾以詩贈之五首

不是榮親意, 豈吾與子分.
離樽湖上月, 歸路洛陽雲.
高擧溟鵬翼, 好隨驥馬群.
男兒當死志, 何必戀紅裙.

■
1. 북쪽 바다(北溟)에 곤(鯤)이라는 물고기가 있는데, 크기가 몇 천 리나 되는지 알 수가 없다. 곤이 변해 새가 되면 이름을 붕(鵬)이라고 하는데, 붕의 등도 길이가 몇 천 리인지 알 수가 없다. 붕이 한번 날아오르면 그 날개가 하늘에 드리운 구름 같았다. 이 새는 바다에 태풍이 불면 남쪽 바다로 옮겨가는데, 남쪽 바다란 천지(天池)를 가리킨다. - 『장자』「소요유(逍遙遊)」

2.
나는 비록 하찮은 아낙네지만
낭군님이야 어찌 소장부겠어요.
명주조각을 버린 종군의 의지에[1]
책상 지고 찾아간 진량의 무리이시지요.[2]
봄 석 달은 꽃과 버들의 철이고
한양 천리는 노래 부르고 피리 부는 길이니,
흰 머리 어버이께서 당에 계실 때에
비단옷 입고 빨리 돌아오세요.

吾雖庸婦子, 君豈小丈夫.
棄繻終軍志, 負笈陳良徒.
三春花柳節, 千里歌吹途.
鶴髮在堂上, 衣錦早歸乎.

■
1. 한나라 종군(終軍)이 18세에 박사(博士) 제자로 뽑혀 관문을 지나가는데, 관문을 지키던 관리가 종군에게 출입 신표인 명주조각을 주자 다시 쓸 일이 없다면서 버리고 갔다. 뒷날 황제의 사신이 되어 그 관문을 지나게 되자, 그 관리가 종군을 알아보았다고 한다.
2. 초나라 유생 진량의 제자 진상(陳相)이 자기 아우 진신(陳辛)과 함께 쟁기를 짊어지고, 송나라로부터 등나라로 왔다. (줄임. 맹자가 진상에게 말했다) "너의 선생 진량은 초나라 태생이었다. 그러다가 주공(周公)과 공자의 유학(儒學)을 좋아하여, 북방으로 와서 중국의 학문을 배웠다. 그래서 북방의 학자들도 어떤 때에는 진량보다 앞서지 못할 만큼 발전했다."-『맹자』「등문공 상」

남편이 서울에서 보낸 편지 끝머리에 시를 붙였기에 나도 화답하였다

대장부가 어찌 아녀자의 일을 배우겠어요.
요순 임금 되게 하는 게 바로 지금이지요.
정 담긴 편지 한 쪽에 '그립다'는 글자는
규중 부녀자에게나 있을 법하답니다.

夫子在京有書尾附以詩妾和之

大丈夫何學女兒. 致君堯舜此其時.
情書一面相思字, 惟在閨中婦子宜.

* 남편이 원래 지어준 시는 이렇다.

인간으로 태어나 뜻 세우는 게 바로 남자이니
하물며 태평시대 성군을 만났음에랴.
여관 창가에 밝은 달이 찾아오는 밤이면
꿈속에라도 만나볼 수가 있다오.

附夫子詩

人間立志是男兒. 況復太平値聖時.
每到旅窓明月夜, 相逢惟在夢中宜.

서울 계신 낭군께

여자들은 여려서 마음 아프기 쉬우니
그리운 마음 들 때마다 시를 읊지요.
대장부는 바깥일에 힘써야 하니
고개 돌려 규방 속은 생각하지 마세요.

寄在京夫子

女兒柔質易傷心. 所以相思每發吟.
大丈夫當身在外, 回頭莫念洞房深.

* 남편이 차운해 지은 시는 이렇다

죽어야 그만두겠다는 게 내 마음이니
손에 시와 편지 들고서 읊기를 그치지 않네.
밤마다 그리워하는 사람은 어디에 있나
미인이 오색구름 깊은 곳에 정하게 앉아 있네.

附夫子次韻

死當乃已是吾心. 手裏詩書不絶吟.
夜夜相思何處在, 美人端坐五雲深.

과거시험 뒤에 스스로 읊다

문 앞에 돌아온 백마는
낙양의 구름을 밟고 왔겠지.
아이 불러 소식을 물어야지
누가 요순 임금을 만났느냐고.[1]

科後自吟

門前歸白馬, 應踏洛陽雲.
呼兒問消息, 誰遇堯舜君.

■
* 삼의당의 평생 소원은 자기 낭군이 과거에 급제하는 것이었다. 그래서 산속 절간으로 글 읽으러 보내기도 하였고, 서울로 관광을 보내기도 하였다. 가난한 집안살림에 학비가 모자라면 머리카락을 자르고 비녀를 팔아서까지 남편의 과거 공부를 시켰다. 그러나 남편이 끝내 낙방하였기에 주위 사람들로부터 동정을 받았다.
1. 임금이 요순 같은 성군이면 남편이 급제했을 거라는 뜻이다. 급제하면 임금을 뵙고 어사화(御賜花)를 받는다.

낭군께서 서울에 계시면서 한 해가 지나도 돌아오지 않아 내가 시를 지어 사사로운 심정을 폈다

1.
보고 싶어 힘들구나. 보고 싶어 힘들어.
닭 세 번 우니 밤이 오경일세.
또록또록 잠이 안 와 원앙금침만 바라보니
눈물이 비 오듯 하네, 눈물이 비 오듯 해.

夫子自京經年未歸余題詩以伸情私 四首

相思苦相思苦. 鷄三唱夜五鼓.
脉脉無眠對鴛鴦, 淚如雨淚如雨.

봄날 규방의 노래

1.
춘흥에 겨워 사창에서 시 몇 수 지었더니
편마다 저절로 그리운 마음을 노래했네.
앞으로는 문 앞에 버드나무 심지 말아야지
사람들이 헤어지니 미운 마음이 생겨나네.

春閨詞 十八首

春興紗窓幾首詩. 篇篇只自道相思.
莫將楊柳種門外, 生憎人間有別離.

2.
고요한 사창에 날이 저물어
꽃잎 떨어져 땅에 가득하고 겹문은 닫혔네.
하룻밤 그리움이 얼마나 괴로웠는지 알고 싶으면
비단이불 붙잡고 눈물자국 살펴보소.

人靜紗窓日色昏. 落花滿地掩重門.
欲知一夜相思苦, 試把羅衾撿淚痕.

3.
유리창 앞뜰에는 풀이 더욱 푸르렀는데
밤새 그리워했기에 꿈자리까지 어수선해라.
아침부터 화장대에 마주앉았지만
시름 속의 두 눈썹이 가지런하지 않구나.

雲母窓前草色萋. 相思一夜夢魂迷.
朝來坐對靑銅鏡, 愁裏蛾眉擺不齊.

봄 경치

1.
님 그리워 밤에도 잠들지 못하니
누굴 위해 아침마다 거울을 보랴.
동산에 복사꽃 오얏꽃 피었건만
한 해 좋은 경치를 또 그저 보내네.

春景 八首

思君夜不寐, 爲誰對朝鏡.
小園桃李發, 又送一年景.

2.
깊은 정원에 봄이 저물어가고
사람들은 잠에 취해 몽롱하구나.
사창 꽃그림자 속에
새소리만 베갯머리에 들려오누나.

深院春將晚, 人閒睡意矓.
綺窓花影裏, 一枕鳥聲中.

4.
어느 곳으로 봄은 가버리는지
동산에 밤새도록 바람 불었네.
비단옷 입고 창 밖에 나가
떨어진 붉은 꽃잎을 한가로이 줍네.

何處春歸盡, 東園一夜風.
羅衣窓外出, 閒拾落來紅.

5.
문 밖에 서너 그루 버드나무
가지 위에 봄바람이 많구나.
아래 가지 늘어져 술잔에 스치는데
누군가 이별 노래를 부르는구나.

門外三楊柳, 枝上春風多.
下枝拂樽酒, 何人動別歌.

꽃을 꺾으며

조용히 창 밖으로 나와 거니니
창 밖의 해가 더디기만 하구나.
꽃 꺾어 머리에 꽂으니
벌과 나비 지나가다 기웃거리네.

折花

從容步窓外, 窓外日遲遲.
折花揷玉鬢, 蜂蝶過相窺.

꽃을 마주하고

얼굴도 붉고 꽃도 붉어서
마주 대하니 둘 다 붉구나.
일색이고 또 일색인데
붉은 얼굴이 붉은 꽃보다 더 예쁘구나.

對花

顔紅花亦紅. 相對兩相紅.
一色復一色, 顔紅勝花紅.

봄날 괴로운 노래

2.
봄빛이 어김없이 우리 집에 찾아들어
푸른 버들이 늘어져 땅바닥을 쓰네.
발 사이로 제비들 짝 지어 날고
울타리 위아래에 복사꽃 몇 그루 피었네.
꽃들이 피어나니 강산은 보기 좋건만
낭군님의 금의환향은 어찌 이리 늦어지나.
겹문 닫고 홀로 있노라니 적막하기만 해
님 그리는 한 조각 꿈은 또 하늘가에.

春惱曲 四首

春光有信到吾家. 楊柳靑靑拂地斜.
簾箔中間雙鷰子, 園籬上下數桃花.
物華已見江山好, 晝錦何遲鄕里夸.
獨閉重門深寂寂, 相思一夢又天涯.

4.
창 밖의 해가 어릴 적같이 길어
머리 살짝 매만지고 홀로 천천히 걷네.
꾀꼬리 날아가자 버드나무 고요하고
제비가 꽃을 차니 꽃이 흔들리네.
아이종은 주막에서 술을 받아오고
여종은 채마밭에서 잡초를 뽑네.
낭군님 생각하며 먹과 벼루 잡으니
두 줄기 눈물이 옷깃을 적시는구나.

日長窓外少年如. 乍整雲鬟獨步徐.
柳靜黃鶯飛去後, 花紛玄鳥蹴來初.
僮從杏屋新醪貰, 婢入蔬園雜草除.
却憶遊人携硯墨, 兩行玉淚濕襟裾.

가을밤 규방에서 지은 노래

3.
밤이 차츰 기울어 새벽이 가까워오는데
뜨락에 가득한 가을달이 더욱 밝구나.
이불에 기대어서 억지로 꿈꾸다가
님 곁으로 이를 무렵에 놀라서 잠 깨었네.

秋閨詞 十一首

夜色迢迢近五更. 滿庭秋月正分明.
凭衾强做相思夢, 纔到郞邊却自驚.

6.
새벽의 밝은 달이 서편 성을 비추는데
성 위에서 그 누구가 피리를 불며 가나.
가여워라 깊은 규방의 외로운 촛불이여
시름에 겨운 이 몸은 꿈도 이룰 수 없네.

五更明月滿西城. 城上何人美笛行.
可憐孤燭深閨夜, 正是愁人夢不成.

가을밤 비가 내리네

1.
하늘끝 가신 님은 소식도 없어
사립문은 언제나 쓸쓸히 닫혀 있네.
긴긴 밤 오동잎은 흐느껴 울고
처마 끝에선 낙숫물 소리만 나네.

秋夜雨 二首

天涯芳信隔, 寂寂掩深戶.
永夜鳴梧葉, 簷端有疎雨.

2.
처마 끝에 물 듣는 소리
밤새도록 창 너머서 우는 듯해라.
금병풍 속에서 혼자 베개를 베고
차디찬 등잔 아래 잠 못 이루네.

簷端疎雨響. 永夜隔窓鳴.
一枕金屛裏, 寒燈夢不成.

가을달

1.
밝은 달이 담머리로 솟아오르니
쟁반도 같고 거울도 같구나.
방문에 주렴을 내리지 말아야지
들어오는 달빛을 가릴까 염려되네.

秋夜月 三首

明月出墻頭, 如盤又如鏡.
且莫下重簾, 恐遮窓間影.

2.
같은 달이 두 곳을 비추지만
두 사람은 천리나 떨어져 있네.
바라건대 저 달의 빛을 따라서
밤마다 임의 곁을 밝혀보고 싶어라.

一月兩地照, 二人千里隔.
願隨此月影, 夜夜照君側.

맑은 밤에 물을 긷다

맑은 밤에 맑은 물을 길어 올리니
밝은 달빛이 샘물처럼 솟아 올라요.
말없이 난간에 기대었더니
오동나무 그림자가 바람에 흔들려요.

淸夜汲水

淸夜汲淸水, 明月湧金井.
無語立欄干, 風動梧桐影.

서창

고즈넉한 빈 뜰에
쓸쓸히 낙엽 지는 소리 들리네.
시상은 어느 곳에 많을까
밝은 달이 서창을 비추는 밤이지.

西窓

寂寂空庭上, 蕭蕭聞葉下.
詩思何處多, 明月西窓夜.

옷을 다듬이질하며

얇은 적삼은 추위를 견디기 어려운데
일년 중 오늘밤 달이 가장 둥글구나.
낭군님께선 옷 보내 주기를 기다릴 텐데
힘들여 다듬이질하자니 밤이 깊어가네.[1]

擣衣詞

薄薄輕衫不勝寒. 一年今夜月團團.
阿郞應待寄衣到, 强對淸砧坐夜闌.

■
1. 칠월에 화성이 서쪽으로 기울면
   구월엔 겨울 지낼 옷을 마련하네.
   동짓달엔 싸늘한 바람 일고
   섣달엔 매서운 추위 몰아치니,
   추위 견딜 옷이 없으면
   이 해를 어찌 넘기려나.
   七月流火, 九月授衣.
   一之日觱發, 二之日栗烈.
   無衣無褐 何以卒歲. -『詩經』豳風「七月」

열두 달 노래

정월 대보름

농가에서 풍년을[1] 기원하는 이날
마을 당집에서 북소리 둥둥 울리네.
좋은 날 성남의 밝은 달 아래에서
집집마다 아이들이 다리밟기를 하는구나.[2]

十二月詞 正月 上元

田家此日祝西成. 村社鼕鼕土鼓鳴.
良夜城南明月下, 家家年少踏橋行.

■
1. 오행에서 가을은 서쪽인데, 이때에 만물이 성숙된다. 그래서 가을에 농작물이 여물어 농사가 완성되는 것을 서성(西成)이라고 하였다.
2. 서울에서는 대보름날 밤에 많은 사람들이 종각에 몰려나와 종소리를 들은 다음에 가까운 광통교나 수표교로 가서 다리 위를 내왕하였다. 이러한 풍속이 다리밟기[踏橋]인데, 이렇게 하면 한 해 동안 다리에 병이 나지 않는다고 믿었다. 다리[橋]와 다리[脚]의 한자음이 같았기 때문이다. 다리밟기의 행렬은 밤새도록 끊이지 않았으며, 군중들은 북을 치거나 퉁소를 불어 매우 시끌벅적했다. 남원에도 광한루에 있는 오작교와 승사교를 비롯해 금석교, 용두정교, 양수정교, 갈어구교, 금천교, 율천교, 월천교 등의 이름난 다리들이 많았다.

칠월 칠석

우물가의 오동잎 하나가 가을을 알리더니
수정 발 너머에 푸른 물결 흐르네.
하늘에선 오늘 밤에 서로 만나건만
옥창에선 무슨 일로 혼자 시름하나.

七月 七夕

金井梧桐一葉秋. 水晶簾外碧波流.
天上相逢今夜半, 玉牕何事獨深愁.

님을 만나다

지난해 냇가에서 배웅하고
올해 냇가에서 다시 만났네.
만났다 차마 헤어지지 못해
지는 해가 서산으로 내려가네.

逢美人

去年溪上送, 今年溪上逢.
相逢不忍別, 落日下西峯.

절강 춘원곡을 짓다

1.
열세 살 난 어여쁜 처자
강물 한가운데로 거슬러 오르다가,
연 캐는 아가씨 만나
어디 사느냐고 물었네.
우리 집은 절강 서쪽에 있는데
그대 집은 어느 곳인가요.
지난해 탕자와 헤어지고서
가을부터 돛단배 타고 있다오.

作浙江春怨曲 五首

佳姬年十三, 遡迴水中央.
相逢採蓮女, 共問居住鄕.
我家浙江西, 君家若那傍.
去年別蕩子, 秋來着蘭檣.

2.
저는 본디 절강 여자라
절강서 배 타는 것 익숙하답니다.
노 저어 장포로 들어가면
연꽃이 정말 예뻤지요.
연꽃을 따노라면 님이 그리워
사람 만나면 진천을 묻는답니다.
님께서 진천으로 떠나고 보니
꽃같은 마음 홀로 잠들기 어려웠지요.

妾本浙江女, 慣乘浙江船.
搖櫓入長蒲, 蓮花正堪憐.
采蓮相思苦, 逢人問秦川.
遊子秦川去, 花心難獨眠.

3.
남포 달밤에 연밥을 따니
노래 소리가 꽃 활짝 핀 곳에서 들리네.
봄빛 아름답다고 절로 탄식하며
중류에 배 대지 못하고 가네.
대제를[1] 향해 가고 싶지만
앞 냇물에 바람이 참으로 급해,
연밥 따는 마음이 어지러우니
원앙을 등지고 눈물 흘리네.

采蓮南浦月, 歌起花深處.
自恨春光好, 中流不定去.
欲向大堤去, 前溪風正急.
采蓮心緒亂, 背向鴛鴦泣.

---
1. 대제(大堤)는 호북성 양양 남쪽의 이름난 유흥가이다. 대제의 풍습을 다룬 악부체 시가 <대제곡>인데, 대개 술을 주제로 하고 있다.

길가에서 뽕 따는 여인을 보고 읊다

성 남쪽 언덕에서 뽕 따는 여인
흰 손이 가느다랗구나.
소년의 놀란 눈 휘둥그레져
멍하니 서서 한참 바라보네.

見陌上採桑女吟

採桑城南陌, 纖纖映素手.
少年飜驚目, 相看住故久.

큰 길

1.
봄바람이 큰 길 위에 불자
백마가 꽃잎 밟으며 달리네.
복사꽃 오얏꽃 다투어 피니
집집마다 봄빛이 가득하구나.

大道 二首

春風大道上, 白馬踏紅塵.
桃李花爭發, 家家富貴春.

2.
한식날 동풍 불며 비가 내려서
꽃향내가 큰 길에 깔렸구나.
자류마 함부로 밟지 않으니
떨어진 꽃잎을 아껴서겠지.

寒食東風雨, 香泥大道中.
紫騮驕不踏, 應惜落來紅.

광한루[1] 지나면서 강선사를 읊다

흰 난미선에[2] 흰 양털가죽 옷 걸치고
밤에 서늘하게 십주에[3] 내려왔네.
웃으며 높은 누각에 올라 피리를 부니
하늘 가득 달 밝은 밤에 가을소리 들리네.

過廣寒樓作降仙詞

白鸞尾扇白羊裘, 夜御泠泠降十洲.
笑上高樓橫吹笛, 滿天明月一聲秋.

■
1. 황공유(黃公有)가 1170년에 남원에 내려와 살기 시작한 자리에 후손들이 일재(逸齋)라는 서재를 지었는데, 양녕대군 폐출을 반대하다가 이곳에 유배되었던 후손 황희 정승이 그 자리에 광통루(廣通樓)라는 누각을 지었다. 1444년에 전라도관찰사 정인지가 중건하면서 그 아름다움을 월궁(月宮)에 비유하여 광한청허부(廣寒淸虛府)라고 부르면서 광한루라는 이름이 생겼다. 그 뒤 정유재란에 불타버린 것을 여러 차례 다시 짓고 연못을 파서 오작교를 만들어 지금의 모양이 되었다. 광한루는 보물 281호이며, 그 앞에 영주각(瀛洲閣)을 비롯한 여러 건물을 포함하여 광한루원(廣寒樓苑)이라고 부른다.
2. 난새 꼬리로 만들었다는 부채이다.
3. 한나라 무제가 서왕모에게서 (신선세계) 이야기를 들었다. 팔방(八方) 큰 바다 가운데 조주(祖洲)·영주(瀛洲)·현주(懸洲)·염주(炎洲)·장주(長洲)·원주(元洲)·유주(流洲)·생주(生洲)·봉린주(鳳麟洲)·취굴주(聚窟洲)의 열 섬이 있는데, 사람의 자취가 끊어진 곳이라고 한다. -「해내십주기(海內十洲記)」

성 동쪽을 지나며 읊다

용성[1] 동쪽 가에 수양버들 드리워져
수많은 버들가지가 이별을 노래하네.
해마다 두고두고 가지 꺾어 가건만
해마다 새 가지 또 돋아나네.

過城東吟

龍城東畔楊柳垂, 千絲萬絲管別離.
年年歲歲長折去, 歲歲年年又添枝.

■
1. 남원 일대가 백제시대에는 고룡군(古龍郡)이었으므로, 그 뒤에 용성이라고도 불렸다. 남원이란 이름은 신라 경덕왕 때에 처음 썼다가, 고려 충선왕 이후부터 계속 사용하였다.

꽃 만발한 가지

대방성[1] 위에 눈썹 같은 달이 뜨고
대방성 아래에 꽃이 만발했네.
꽃은 피었다 쉽게 시들어 밉지만
달은 기약한대로 늘 찾아오니 언제나 부럽구나.

花滿枝

帶方城上月如眉. 帶方城下花滿枝.
生憎花開芳易歇, 每羨月來長有期.

---

1. 후한(後漢) 건안(建安 196~219) 시대에 고룡군(남원)을 대방군이라 고쳤다. 고려 충선왕 때까지 주로 대방이라는 이름으로 불렀다.

능한각을 지나며 읊다

대방성 가운데 능한각이 있어
눈속의 매화 꽃잎이 땅에 가득 떨어졌네.
관문을 열지 않아 재판하는 뜰은 한가하고
능한각에 있는 것은 삼척금[1] 뿐일세.

過凌寒閣吟

帶方城中凌寒閣. 雪中梅花滿地落.
官門不開訟庭閒, 閣中惟有琴三尺.

---

1. 이때 춘향이 칠현금(七絃琴) 빗겨 안고 「춘면곡(春眠曲)」 탈 때, 이도령이 그 금성(琴聲)을 반겨 듣고 글 두 귀를 읊었으되, "세사(世事)는 금삼척(琴三尺)이요 생애(生涯)는 주일배(酒一杯)라. 서정강상월이요 동각설중매라" - 「춘향전」 완판 33장본
삼척금은 길이가 석 자 되는 거문고인데, 삼척고동(三尺枯桐), 또는 삼척동(三尺桐)이라고도 했다.

낭군께서 뜻을 이루지 못하고 돌아오셨기에

듣자니 서울의 화려한 집에는
문학하는 선비가 많다지요.
문장은 비단에 수놓은 듯하고
풍화는 청아가 무성하다지요.[1]
재주는 구양수와 소동파에 맞서고
시는 이백 두보와 같다지요.
오로봉[2] 빌어다 붓으로 삼고
한강물 끌어다 글을 쓴다지요.

聞道京華屋, 方今學士多.
文詞粧錦繡, 風化蔚菁莪.
才敵歐蘇否, 詩如李杜何.
聊將五老筆, 掀挽漢江波.

∎

* 원제목이 무척 길다. "낭군께서 오래 동안 외지에 나가 공부했으나 뜻을 이루지 못하고 돌아오셨기에, 내가 위로하여 말했다. "부귀는 하늘에 있으니 과거급제를 한번에 오를 수 없고, 궁달도 때가 있으니 학업에 뜻을 두었다고 한번에 이뤄지지는 않습니다. 그래도 뜻이 있으면 반드시 이뤄지는 법이니, 학업을 더욱 부지런히 해서 다시 응시해 보세요." 서울에 문장가가 많다는 말을 듣고 율시 한 수를 읊었다.(夫子久遊不得意及歸余慰之曰富貴在天雲宵不可一蹴而上窮達有時志業不可一行而決只是有志者事竟成更加勤業以圖再擧惡聞京華文章之盛卽吟一律)"

1. 무성한 다북쑥이
   저 언덕에 자랐네.
   군자를 만나보니
   즐겁고도 예의 바르네.
   菁菁者莪. 在彼中阿.
   既見君子, 樂且有儀. - 『詩經』小雅 「菁菁者莪」

이 시를 「모시서(毛詩序)」에서는 인재 기르는 것을 즐거워하는 시라고 설명하였다. '무성한 다북쑥'이라는 뜻의 청아(菁莪)는 '육성된 인재'라는 뜻으로도 쓰였다.
2. 여산 동남쪽의 오로봉이
   푸른 하늘에 금부용같이 깎아질렀네.
   廬山東南五老峰. 青天削出金芙蓉. - 李白 「登廬山五老峰詩」

송나라 시대에 서경이나 남도의 다섯 장로를 '오로'라고 했는데, 다음 구의 '한강'과 짝을 이루려면 봉우리 이름이 알맞다.

낭군께서 또 산에 들어가 독서하는데, 칠석을 맞아 시를 보내오셨기에 화답하다

가을바람에 기러기떼 남으로 나니
당신 마음을 저만 알지요.
하늘 위에선 일년에 한번 만난다는데
인간 세상에선 언제 만날까요.

夫子又入山讀書值七夕寄詩妾和之

秋風送鴈鴈南飛. 之子之心我獨知.
天上一年一相見, 何如人世每逢時.

* 낭군이 먼저 보내온 시는 이렇다

어디서 오동잎 하나 날아오니
새 가을 소식을 나그네가 먼저 안다오.
해마다 하늘 위에서 만나는 때는
뜻 세운 인간들이 헤어지기 한스러워하는 때라오.

附夫子詩

何處梧桐一葉飛. 新秋消息客先知.
年年天上相逢夜, 立志人間恨別時.

산에 들어간 낭군께 부치다

교산에[1] 들어앉아 문을 닫고서
새벽까지 글을 읽으시겠지요.
악양자 공부는 이미 넉넉하고
두자미[2] 학업도 다 마치셨지요.
일찍이 선대 유업을 이어받았건만
이름 세우는 게 어찌 이리도 늦으실까.
이듬해 봄빛이 찾아오면
다시 낙양으로 향하시겠지요.

寄入山夫子

閉戶蛟山裏, 讀書四五更.
羊君工已篤, 杜子業終成.
早冀承先緖, 何遲立厥名.
明年春色至, 又向洛陽城.

■
1. 전라북도 남원시 산곡동에 있는 교룡산(蛟龍山)을 가리키는데, 산 위에 삼국시대에 쌓은 교룡산성이 있다.
2. 석주 권필이 두자미의 시에 쓰기를 "두보의 문장은 세상 사람들이 근본으로 삼으니, 한번 펼쳐 읽으면 가슴이 활짝 열린다"고 하였다. - 홍만종 『시평보유(詩評補遺)』
당나라 시인 두보(杜甫)의 자가 자미(子美)이다.

* 낭군의 답시는 이렇다

고즈넉한 꽃비 속
밤 삼경에 홀로 앉았다오.
책이 좋아 어버이 위해 읽으니
일이야 의당 뜻 두면 이뤄지리라.
기약 세워 학업 게을리하지 않았으니
아직 이름 떨치지 못했다고 어찌 한탄하겠소.
나라에 경사 있다는 소식 들었으니[1]
내 또 낙양으로 올라가리다.

附夫子答詩

寥寥花雨裏, 獨坐夜三更.
書好爲親讀, 事宜有志成.
惟期無惰業, 何恨未揚名.
聞有邦家慶, 吾行又洛城.

∎
* 배우는 자는 반드시 고요해야 하니, 고요한 뒤에야 마음이 가라앉으며, 마음이 가라앉은 뒤에야 공부에 전념할 수 있습니다. 고향의 글방이나 시골의 서당은 마음을 가라앉힐 수 있는 곳이 아닙니다. 들판이나 성남은 전념해 공부할 수 있는 곳이 아닙니다. 이 때문에 옛사람 가운데 장소를 선택하여 책을 읽은 자들이 있었으니, 태자소부 백거이(白居

易)의 향사(香社), 청련(靑蓮) 이백(李白)의 여산(廬山)이 그것입니다. 지금 덕밀암(德密庵)이 교산(蛟山)의 두 봉우리 사이에 있는데, 경계가 맑고 조용하며 연탑(蓮榻)이 조촐하고 고요하여 노니는 사람들이 오르지 않는 곳입니다. 그러니 마음을 가라앉히는 곳치고 이보다 더 고요한 곳은 없으며, 오로지 공부에 전념할 수 있는 곳으로 이보다 더 안존한 곳은 없습니다. 낭군께 바라오니 책상자를 지고 그곳으로 가시어 백거이와 이백의 뜻을 본받는다면, 낭군의 재주로 몇 년 안 되어 반드시 크게 성공하실 겁니다. 오직 낭군께서는 공부에 힘쓰소서. - 삼의당, 「낭군을 교산 독서당으로 보내며 쓰는 서(送夫子讀書山堂序)」.

1. 조선시대 과거시험은 식년시(式年試)라고 하여, 간지에 자(子)·오(午)·묘(卯)·유(酉)자가 들어가는 해에 실시하였다. 그러다가 왕실이나 국가에 경사가 생기면 이를 축하하기 위해 특별시험을 추가로 실시했는데, 이를 증광과(增廣科)라고 하였다.

서울 가시는 낭군께 드리다

1.
스물일곱 살 아내와 남편이
몇 해나 긴 이별을 했던가요.
올 봄에도 장안으로 가신다니
두 뺨에 두 줄기 눈물 흐르네요.

贈上京夫子 九首

廿七佳人廿七郎. 幾年長事別離場.
今春又向長安去, 雙鬢猶添淚兩行.

3.
늙은 말은 밤새도록 여물 먹었는데
나그네 길 떠나는 건 왜 이리 더딘지.
몽당치마 어린 여종이 부엌에 와서
기장밥은 새벽에 벌써 지었다고 아뢰네요.

老馬終宵齕荳萁. 行人將發故遲遲.
搴裳小婢來廚下, 爲報黃粱已曉炊.

4.
원앙금침 잠자리에 새벽닭이 일찍 울어
천리 먼 길 낭군님의 짐보따리 차리네.
늙은 종은 문 열어 말 끌고 나가
부싯돌로 불 붙여 담배[1] 태우네.

鴛鴦枕畔鷄聲早. 遠客行裝千里道.
老僕開門步征馬, 石鐺獻火燃南草.

∎
1. 담배는 포르투갈어 '담바고'를 우리말로 음차한 이름인데, 남쪽 나라에서 들어왔다고 해서 남초(南草), 온갖 염려를 사라지게 하는 신기한 풀이라고 해서 남령초(南靈草), 연기를 내는 풀이라고 해서 연초(煙草) 등의 이름으로 불렀다.

낭군이 서울로 가는데 떠나는 마당에 술을 권하며 옛사람의 권주가를 본떠 노래를 불러 흥을 돋다

1.
낭군님께 술 권하오니
권하는 술을 사양치 마세요.
유령과[1] 이백도 모두 무덤의 흙이 되었으니
한 잔 또 한 잔 권할 사람이 누구 있겠어요.

夫子作京行臨發勸之以酒效古人勸酒歌歌之以侑 三首

勸君酒, 勸君君莫辭.
劉伶李白皆墳土, 一盃一盃勸者誰.

■
1. 유령은 (진나라) 패국(沛國) 사람이다. (줄임) 처음부터 집안에 재산이 있는지 없는지 마음 쓰지 않았다. 언제나 녹거(鹿車)를 타고 술 한 병을 가지고 다녔는데, 사람을 시켜 삽을 메고 따라오게 하면서, "내가 죽으면 그 자리에다 묻어달라"라고 말하였다. 자기 몸뚱이를 버림이 이와 같았다. -『진서(晋書)』권49 「유령」

2.
낭군님께 술 권하오니
권하는 술을 마시세요.
인생에서 즐길 날이 얼마나 되겠어요.
내 당신 위해 칼춤을 추렵니다.

勸君酒, 勸君君且飮.
人生行樂能幾時, 我欲爲君舞長劍.

낭군을 모시고 떨어지는 꽃을 보며 읊다

떨어진 꽃이 뜰에 가득하지만
아이야! 잠시 쓸지 말아라.
조각조각 남은 봄이 흩어진 거니
하나하나 꽃과 풀로 점 찍힌 거지.
마루의 제비가 차고 올라가거나
산의 새가 물고 날아가겠지.
사랑스럽고 아쉬워 실컷 보아도 싫지 않으니
사창의 발을 빨리 걷어야겠네.

奉夫子見落花吟

落花滿庭上, 童子且莫掃.
片片散餘春, 箇箇點芳草.
蹴去付堂鷰, 含飛有山鳥.
愛惜不厭看, 紗窓捲簾早.

* 남편이 차운한 시는 이렇다

지는 꽃이 눈처럼 떨어져
뜰에 가득해도 아까워 쓸지 않네.
희고 드문 창 밖의 나무
붉고 많은 섬돌 위의 풀.
나비는 어지럽게 담장을 넘나들고
산새는 고즈넉하게 울어대네.
밤새 비바람이 심하니
초당에서 일찍 일어나기 귀찮겠네.

附夫子次韻

落花落如雪, 滿庭憐不掃.
白稀窓外樹, 紅多階上草.
紛紛過墻蝶, 寂寂啼山鳥.
夜來多風雨, 草堂慵起早.

초당에서 낭군을 모시고 읊다

노을은 비단 되고 버들은 안개 같으니
인간 세상 아니라 별천지일세.[1]
서울에서 십년 동안 분주하던 나그네가
초당에 오늘은 신선 같이 앉으셨네.

草堂奉夫子吟

彩霞成綺柳如烟. 非是人間別有天.
洛下十年奔走客, 草堂今日坐如仙.

---

1. 흐르는 물 위에 복사꽃 떠내려 오니
    사람들 살지 않는 또다른 세상이 있나 보네.
    桃花流水杳然去, 別有天地非人間. - 李白「山中問答」

* 남편이 차운해 지은 시는 이렇다

초당의 사면 풍광이 좋으니
늘그막에 시서 읽으며 천성을 즐기네.
어찌 구구하게 하고 싶은 걸 다 구하랴
내 몸 편하게 사니 바로 신선일세.

草堂四面好風烟. 晩境詩書自樂天.
何必區區求所欲, 吾身安處是神仙.

낭군과 함께 읊다

석양에 자리 깔고 꽃그늘 속에 앉으니
깊은 숲속 새소리 듣기 좋군요.
막걸리 석 잔에 노래 한 가락 부르니
청풍명월 주인의 마음이네요.

與夫子吟

夕陽離席坐芳陰. 深樹幽禽又好音.
濁酒三盃歌一曲, 淸風明月主人心.

* 남편이 차운한 시는 이렇다

초가집 몇 간이 나무그늘 옆에 있어
떨어진 꽃 땅에 가득하고 지팡이 소리 적구나.
북창에 때때로 맑은 바람 이르니
절로 복희씨 상고의 마음이 있네.[1]

茅屋數間傍樹陰. 落花滿地小節音.
北窓時遇淸風至, 自有羲皇上世心.

■
1. 도연명이 여름에 한가히 북창 아래 누워서 산들바람을 쐬며, 스스로 희황상인이라 하였다.-『진서(晉書)』「은일전(隱逸傳)
희황상인은 태고 때 사람을 가리키는데, 세상을 잊고 편히 숨어 사는 사람을 뜻한다.

낭군이 산 남쪽에 두어 경의 밭을 사서 농사에 힘쓰기에 농가(農歌) 몇 편을 지어 부르다

1.
아침에 해가 뜨니
넓은 들판이 푸른 모 일색이네요.
도롱이 걸치고 나가 김 매니
좋은 곡식이 점점 잘 자라네요.
낭군님 싹은 한 자도 못 되지만
내 싹은 손바닥같이 넓적하네요.
싹들의 힘이 달라서 그런 게 아니니
고르지 않다고 내버리지 마세요.

夫子於山陽買田數頃勤力稼穡妾作農謳數篇以歌之 八首

日初上平郊, 綠秧色一樣.
荷簑歸來理荒穢. 嘉穀漸看長.
君苗不盈尺, 我苗平如掌.
非苗不齊力, 不齊莫流蕩.

4.
대울타리 동쪽 가에 새벽닭 울면
집에 있던 농부들이 밭 갈러 가네.
며느리는 물 길어 보리밥 짓고
시어머니는 솥을 씻어 아욱국 끓이네.

竹籬東畔早鷄鳴. 在家農夫出畝耕.
小姑汲水炊麥飯, 大姑洗鼎作葵羹.

8.
날 저물자 산 아래로 내려가
농부들이 호미를 씻네.
달이 졌다가 다시 떠오르면
씻은 호미 다시 잡는다네.

落日下山外, 農夫可洗鋤.
月落復還出, 洗鋤還把鋤.

봄날

3.
아침엔 아이들 가르치고 저녁엔 채마밭에 물 주네.
돌아와선 성현의 글을 즐겨 읽네.
시골 사람 오지 않아 중문은 닫혔는데
가랑비 지나가자 산새 소리 들리네.

春日卽事 五首

朝灌朝童暮灌蔬. 歸來好讀聖賢書.
野人不到重門掩, 山鳥一聲細雨餘.

시골에 살며 짓다

1.
처마 나란히 초가집들 마을을 이루고
뽕밭 삼밭에 가랑비 내려 낮에도 문이 닫혔네.
동구밖 흐르는 물에 복사꽃 떠가니
내가 무릉도원에 있는 것 같구나.

村居卽事 八首

比簷茅屋自成村. 細雨桑麻晝掩門.
洞口桃花流水去, 却疑身在武陵園.

2.
구부러진 늙은 나무가 마을에 누워 있어
살아나려는 마음이 아직도 있구나.
흰머리 늙었으니 씨는 맺지 못하건만
바람 서리 다 겪어 뿌리는 단단하네.

老樹磈磊偃臥村. 一身生意半心存.
白頭故老不知種, 閱盡風霜但固根.

목동의 피리 소리

1.
목동의 피리 소리가 마을마다 퍼져나가고
나무꾼 노래 소리도 골짜기마다 들려오네.
석양이 되니 흥겹기 그지없어
창 밖에서 잠시 거닐어보네.

牧笛 三首

牧笛村村去. 樵歌谷谷來.
夕陽無限興, 窓外暫徘徊.

3.
산머리에 해가 지려 하자
안개 서린 숲이 멀리 아득하구나.
어디선가 피리 소리 한 가락 들려오니
아마도 목동들이 돌아오는 게지.

山頭日欲沒, 烟樹遠依依.
一聲何處笛, 知有牧童歸.

판서 권업 공은 시할아버님과 친하셔서 늘 서신으로 안부를 물으셨는데, 진지하게 예를 갖추었다. 편지 묶음이 아직도 전해지기에 펼쳐보며 시를 짓다

인간의 사귐은 깊고 얕음이 있건만
백아의 거문고 곡조를[1] 그 누가 알아주랴.
정 담긴 편지를 서로 주고받다 보면
천리라도 한마음으로 통하겠지.

故尙書權公憚卽王舅考之所相重也每以書信相問敬禮
深摯簡牘尙傳披覽題詩

交道人間有淺深. 峨洋誰識伯牙琴.
聊將情翰長相贈, 千里惟通一箇心.

* 권업(1669~1738)은 자가 사궁(士兢), 호는 기오헌(寄傲軒)인데, 경상도, 충청도, 평안도, 경기도 관찰사를 거쳐 공조, 형조, 호조, 예조 판서를 역임했다.
1. 백아(伯牙)가 거문고를 타는데, 높은 산에 뜻이 있으면 (그의 친구) 종자기(鍾子期)가 듣고서, "태산같이 높구나"라고 말하였다. 또 흐르는 물에 뜻이 있으면 종자기가 듣고서, "강물처럼 넓구나"라고 하였다. 백아가 생각한 것을 종자기가 반드시 알아맞혔다. 종자기가 죽자, 백아가 "지음(知音)이 없다"면서 거문고 줄을 끊어버렸다. - 『열자』 「탕문편(湯問篇)」
높은 산[峨]와 넓은 바다[洋]를 합하여, 아양곡(峨洋曲)이라 한 것이다.

외국에서 온 술병이 상했기에

이역에서 온 물건이 참으로 기이해
청동 바탕에 사기로 장식했네.
어진 분께서 은혜롭게 내리신 물건이니
입과 발 다치지 말라고 아이들을 타일렀네.

物從異域始知奇. 質以靑銅餙以磁.
此是賢公遺惠物, 恐傷唇足戒諸兒.

∎
* 원제목이 길다. "유월 이십오일은 시아버님의 생신이다. 관찰사 원인손[1] 공이 기이한 병에 술을 담아 보냈는데, 먼 나라에서 온 기괴한 물건이다. 이 병이 집안에 전해지다가 입과 발이 상했기에 송진으로 붙여 전하면서 절구 한 수를 읊다.(六月二十五日卽尊舅之晬辰也道伯元公仁孫以奇壺盛酒饋之乃遠方奇恠之物也因以傳家適傷唇足以松脂塗傳之遂吟一絶)"
1. 원인손(元仁孫 1721~1774)은 자가 자정(子靜)인데, 1765년 11월 11일에 전라도관찰사로 부임하였다.

임술년[1] 겨울 남원에 집을 빌려 살던 학사 심상규가[2] 대나무를 심고 시를 짓자 낭군께서 들려 주시기에 그 시에 차운하다

1.
붉은 색 흰 색에 어리석은 사람들 미혹되건만
너 홀로 푸른 것을 나만은 알고 있네.
달 밝아지면 네 줄기도 고와지고
바람이 세차게 불면 마디 더욱 단단해지지.
사람들 너 없으면 끝내 속되게 되고
나도 너를 보면 배고픈 줄 모르네.[3]
서늘한 네 그늘이 땅에 가득 퍼지면
시 읊고 술 마시며 바둑 두기가 좋지.

壬戌冬學士沈公象奎僦居南原有種竹韻夫子傳誦之 妾次之 二首

紅紅白白愛渾癡. 獨自靑靑獨自知.
月正明時竿始好, 風方勁處節尤奇.
令人無此終爲俗, 使我看之不覺飢.
最是淸陰濃滿地, 也宜詩酒也宜碁.

■
1. 임술년은 1802년이다. 정조의 총애를 받던 심상규가 교서관 정자, 규장각 대교 등의 청직으로 근무하다가 정조가 세상을 떠나면서 신유년(1801) 정치파동에 채지영에게 무고를 당해 남원에 잠시 유배되어 있던 해이다.
2. 심상규(1766~1838)의 초명은 상여(象輿), 자는 가권(可權), 치교(穉敎), 호는 두실(斗室)인데, 정조가 그의 재주를 인정하고 상규라는 이름과 치교라는 자를 하사하였다. 전라도관찰사와 대제학을 거쳐 우의정까지 올랐다.
3. 고기가 없어도 밥은 먹을 수 있지만
　　집에 대나무가 없으면 안되네.
　　고기가 없으면 사람을 여위게 하고,
　　대나무가 없으면 사람을 속되게 하네.
　　여윈 사람은 살찌울 수 있지만
　　선비가 속되면 다스릴 수가 없네. - 소동파「녹균헌시(綠筠軒詩)」

시아버님 장례 빚을 갚으러 낭군이 외지에 가신다기에

장례 빚이 산같이 쌓인 줄 그 누가 알겠어요.
울며 고개 넘어 영남 땅으로 가시는군요.
모든 재산 털어도 은혜 갚을 수 없으니
한 푼인들 어찌 절 위해 쓰겠어요.
감응으로 길에서 천상 선녀를 만나면
단양의 보리 실은 배같이[1] 도움 있겠지요.
제가 한 마디 말로 노자 삼아 드리니
아! 당신같이 지극한 효자는 세상에 짝 없을 거예요.

誰知喪債積如丘, 泣向東南嶺海陬.
百橐元難傾産報, 寸金豈欲爲身求.
誠應路上逢天女, 義必丹陽有麥舟.
我以一言行且贈, 嗟哉至孝世無儔.

* 원제목이 길다. "갑자년(1804) 삼월 이십육일에 시아버님 상을 당했다. 집안이 가난해 초상부터 졸곡까지 절차를 거치며 빚을 내어 장례를 다 치렀다. 그러나 기한이 넘도록 갚지 못해 낭군께서 빚 갚을 돈을 마련하려고 외지에 가시니, 이 시를 지어 보내드린다.(甲子三月二十六日奄遭尊舅之喪家貧無由盡初終之節貸人錢以畢喪葬之禮過期未報夫子欲辦債資出外送之以詩)"
* 낭군께서 가야산을 지나다가 인삼 수십 뿌리를 얻었는데, 대구 약재상에 팔아서 장례 빚을 갚았다. 夫子行過伽倻山得人蔘數十根往賣大邱藥肆歸報其債 (원주)
1. 송나라 범중엄(范仲淹)의 아들 요부(堯夫)가 고소(姑蘇)에 가서 보리 500섬을 배에 실어 단양으로 옮기는데, 마침 석만경(石曼卿)이 상을 당하고도 가난해 장례를 치르지 못하는 것을 보고 그 보리를 장례의 부조로 주었다.

수문장 방우정 공이 막부의 보좌로 와서 흰 둥글부채를 보내자 낭군이 그 위에 시를 쓰기에 내가 차운해 지었다

둥글기 밝은 달 같고 거울 같은데
맑은 바람 불러 일으켜 얼굴에 시원하게 부네.
소상강 가의 대나무[1] 가여운 줄 알겠구나
창오산 흰 구름빛 물들었으니.

守門將方公禹鼎來佐幕府送素團扇夫子題其面妾次之

圓如明月復如鏡. 喚起淸風吹面涼.
始憐瀟湘江上竹, 染得蒼梧白雲光.

■
1. 순임금이 순행하다가 창오산에서 죽자, 아황과 여영 두 왕비가 뒤쫓아와서 피눈물을 흘리다가 상수에 몸을 던져 죽었다고 한다. 상수 언저리 대나무에 피눈물이 물들어, 얼룩대나무를 소상반죽(瀟湘斑竹)이라 한다.

낭군이 흰 베로 방 수문장에게 사례했는데 내가
낭군을 대신해 썼다

태수 보좌해 오마 타고 남쪽에 따라왔으니
당상에 이날 어찌 옷이 없으랴만,
가난한 여인 베틀에서 짠 베를 가지고
장안에 한 조각 달 휘황할 때 다듬이질 하소.[1]

夫子以白布謝方守門將妾替次之

佐旆南隨五馬騑. 華堂此日豈無衣.
聊將寒女機中織, 歸擣長安一片輝.

---

1. 장안에 한 조각 달 비치자
  집마다 다듬이질하는 소리 들리네.
  長安一片月, 萬戶擣衣聲. - 李白「子夜吳歌」

둘째 딸을 시집보내며

딸아이 시집가는 날
아직 봄이 오지 않아서,
종이 새 가마를 메자
하늘하늘 진눈깨비가 흩날렸네.
여종이 앞에서 길 인도하자
막내딸이 울며 헤어졌지.
문에 서서 한 마디 당부하노니
살림 잘하고 금실 좋게 살아라.

嫁二女

之子于歸日, 未及桃夭節.
僕夫駕新轎, 飄飄飛雨雪.
侍婢行前導, 季妹泣相別.
臨門贈一語, 宜家又宜室.

∎
* 둘째 딸이 전주 사람 송도환(宋道煥)에게 시집가기에, 시집가는 날 문에서 경계하여 말한다.
"시댁에 가서는 반드시 공경하고 반드시 순종하여 지아비를 거스르지 말아라. 하물며 너의 시댁에는 위로 조부모가 계셔 학발(鶴髮)로 연로하시고, 또 어진 부모님이 계셔 (나이가 들어도 젊어 보이는) 소안(韶顔)에 아직 연로하지는 않으셨다. 양 세대에 걸쳐 부모님이 다 생존해 계시고 문호가 높으니, 너는 그 댁에 가서 삼가고 성실히 하여 게으르지 말고, 태만하지도 말아라.
자식된 자가 친부모에게는 혹 사랑이 공경보다 지나칠 수 있지만, 시부모에게는 삼가는 마음이 사랑보다 더해야 한다. 하물며 삼간다[敬]는 이 한 글자는 참으로 우리 집안에 전하는 유범(遺範)이 아니냐. 너는 이제 나이 겨우 열여덟이다. 고례(古禮)를 보면 스무 살에 시집간다 했으니, 나이도 아직 미치지 못했고 현명한 분별 또한 이루어지지 않았다. 그래서 내가 올해 여름에 여스승에게 명하여 내칙(內則) 한 편을 가르쳐 어버이와 어른 섬기는 도를 알도록 한 것이니, 너는 힘써 그 도를 행하거라. 또 네가 시집으로 가는 길에 풍패(豊沛) 당음(棠陰)의 아래를 지날 것이니, 풍화(風化)의 성대함을 상상해 보거라. 반드시 떨치고 일어나 감동하여 분발하게 함이 있을 것이다. 옛날에 소백(召伯)이 남국(南國)에서 쉬자 남국의 부녀자들이 올바른 바를 얻지 않음이 없었으니, 이것이 바로 「표유매(摽有梅)」, 「야유사균(野有死麕)」, 「강유사(江有汜)」, 「하피농의(何彼襛矣)」 등의 시들이 읊어진 이유이다.
지금 우리 순찰사 상공께서 성상(聖上)의 명을 받들고 오시어 호남을 덕으로 교화한 지 2년 되었다. 고을에는 「강한(江漢)」의 풍속이 있고, 들에는 행인의 탄식이 없으니, 소남(召南)의 교화를 오늘에 다시 보게 되었다. 하물며 우리는 그 은택을 더욱 입은 데다 너마저 그 옥절(玉節)이 더욱 가까운 곳으로 보내게 되었으니 더 말할 나위가 있겠느냐? 네가 지금 시집가며 새 가마에 올라있고, 시비(侍婢)가 앞에서 인도하며 산천은 멀고 갈 길도 멀다고 하니, 자애로운 정에 있어 어찌 이별에 대한 사사로운 정이 없겠느냐마는, 네가 훌륭한 집안에 가게 된지라 내 슬픔을 달래고 기쁨을 더한다. - 삼의당, 「시집가는 둘째 딸을 전송하며 쓰는 서(序)」

담락당 오형제의 효행을 삼가 쓰다

1. 선조를 공경하여 제사지내다

선조의 기일 하루 전날이 되면 늘 목욕재계하고 채소와 과일, 포와 젓갈을 몸소 준비했으며, 후손의 서열이나 바치는 절차 등을 선도하였다. 마치 신이 계시는 듯이 하여, 정성을 다하였다.

어릴 적부터 제기(祭器) 공경하여 진설했으니
제사지내는 것은 대례의를 능히 좇았네.
제복 차려입고 맑은 첫새벽 앞서 제사 집행하니
뜰에 가득한 성의가 엄숙하고도 공손하구나.

謹述湛樂堂五昆季孝行　敬祀先祖

敬陳俎豆自兒嬉. 享祀能遵戴禮儀.
盛服淸晨先執事, 滿庭誠意肅恭時.

∎

* (원주) 소서(小序)와 아울러 16수이다.

2. 아우들을 신칙하다

닭이 울면 신성(晨省)의 예를 마치고 집으로 가서 아우들을 불러 앞에 줄지어 앉히고 말하였다. "나와 아우들은 부모님의 은혜를 어떻게 보답할까. 일찍이 부모님께 들으니, 공자님께서 '입신하고 도를 행하여 후세에 이름을 날림으로써 부모님을 드러내는 것이 효의 마침이다'라고 하셨다 한다. 나는 이제 불초하여 돌아와 봉양하고 있으니, 힘을 다해 농사지어 부모님을 봉양하는 것이 나의 직분이다. 부지런히 글을 읽어 부모님을 드러내는 것은 너희 아우들의 책무이니, 너희들은 힘쓰고 잘 생각하라."

어버이 봉양하는 도가 있어 나는 밭으로 가니
집안 명성 잇는 길은 어진 아우들에게 의지하네.
서재에서[1] 힘써 공부하며 게으르지 말지니
고당의 흰 머리 부모님이 이미 연로하셨네.

警諭群弟

養親有道我歸田. 紹繼家聲賴弟賢.
勤業鷄窓須莫懶, 高堂鶴髮已臨年.

■
1. 진(晉)나라 송처종(宋處宗)이 장명계(長鳴鷄) 한 마리를 사서 창가에 두고 길렀는데, 이 닭이 뒤에 사람처럼 말할 줄 알게 되어 현묘한 담론을 주고받음으로써 그의 학문이 크게 나아졌다. 그래서 서재를 계창(鷄窓)이라고도 한다.

제목 없이

아침저녁 부엌에 들어가도
맛있는 찬거리가 모자라네.
머리 자르는 건 손님 위해서가 아니라
집안에 부모님 계셔서라네.

無題

朝夕入廚下, 廚下乏甘旨.
剪髮非爲賓, 堂上有父母.

학문을 권하며 읊다

책 있어도 모름지기 읽기를 좋아해야지
배우지 않으면 사람 노릇을 못하네.
십년 동안 등불 앞에 나그네 되면
조정에 이로운 손님이 되리.

勸學吟

有書須好讀, 不學不爲人.
十載燈前客, 王庭利用賓.

회포를 쓰다

대장부 가운데 누가 있는지
한낱 아녀자만 홀로 부끄러워하네.
서쪽 오랑캐와 동쪽의 왜놈
하늘을 함께 이고 살지 못할 원수라네.

述懷

大丈夫誰有. 一兒女獨羞.
西胡與東倭, 不共戴天讎.

시골에 살며 짓다

1.
서봉촌에서 낳고 자라[1]
내동산 밑에 자리잡고 사네.[2]
초가 몇 간을 깨끗이 치우고
상에 가득한 시서를 즐겨 읽네.

村居卽事 三首

捿鳳村中生長, 來東山下寓居.
蕭灑數間茅屋, 好讀一床詩書.

■
1. 서봉촌은 봉서방이라고도 하는데, 전라북도 남원시 교룡산 서남 기슭에 있던 마을이다. 삼의당은 이곳에서 1769년에 태어났다. 같은 마을에 살던 하립과 혼인했으므로, 이 마을에서 계속 살았다.

2. 33세 되던 1801년에 전라북도 진안군 마령면 방화리로 이주하여, 세상을 떠날 때까지 이곳에 살았다. 삼의당이 지은 「문앵기사(聞鶯記事)」에 남편이 내동산으로 이사 가자고 하는 이유가 밝혀져 있다.
"나는 미사여구로 글을 꾸미는 재주가 모자라는 까닭에 과거에 급제하는 길이 막혔으니, 부모님을 영화롭게 하기가 어렵게 되었소. 게다가 집안이 청빈하여 기름진 땅 한 뙈기도 없는 형편이오. 우리가 살고 있는 이곳은 땅값이 금처럼 비싸고 낱알이 옥처럼 귀하니, 밭을 갈아 살려 해도 땅이 없고, 부모님을 봉양하려고 해도 자금이 없소. 그러니 어찌하겠소. 옛날 서생 동소남(董召南)이 동백산(桐柏山)에서 밭 갈며 글 읽어 부모님을 봉양했는데, 오랜 세월 동안 칭찬할 만한 아름다운 일로 남아 있소. 내가 들으니, 월랑산 남쪽 내동산 아래에는 넓은 땅이 많아 여유가 있다고 하니, 이제 우리가 가서 농사짓고 산다면 부모님을 모시는데 걱정이 없을 것이오. 내 마음은 이미 결정했는데, 당신도 따르겠소?"

삼의당도 그 말에 따라 1801년 섣달에 진안 마령의 방화리로 이사하였다.

초당에서 짓다

1.
고즈넉한 초가집에 방이 두세 칸
푸른 산이 아무리 봐도 물리지 않네.
꾀꼬리까지 종일 지저귀니
창에 가득한 풍경 보며 주인은 한가롭네.

草堂卽事 十首

蕭然茅屋兩三間. 其上靑山不厭看.
又有黃鳥啼盡日, 滿窓風景主人閒.

2.
방초 그늘 속에 초가집은 서늘하고
사립문 한 짝이 낮에도 잠겨 있네.
들사람 오지 않고 이웃집 아낙 돌아가니
제비만 쌍쌍이 가고 또 오네.

芳草陰中草屋閑. 柴扉一隻晝相關.
野人不到隣娥去, 鷰子雙雙去又還.

3.
초당에서 소식 오기를
멀리서 친구가 온다고 하네.
앞마을에 살구꽃 떨어지니
술도 때맞춰 잘 익었겠지.[1]
창 너머로 아이종 불러
엽전 두어 잎 주어 보냈네.
동이에 맑은 물 길어다가
손 씻고 술상을 차리네.

草堂有消息, 千里故人來.
前村杏花發, 有酒應釀醅.
隔窓呼僮僕, 送錢兩三枚.
瓦盆汲淸水, 洗手具盞盃.

∎
1. 당나라 시인 두목(杜牧)이 지은 「청명시(淸明詩)」에서 "술집이 어디쯤 있나 물었더니, 살구꽃 핀 마을을 목동이 가리키네(借問酒家何處有, 牧童遙指杏花村)"이라는 구절이 유명해지면서, 원래는 봄경치를 뜻하던 행화촌, 살구꽃 핀 마을이 술집을 뜻하게 되었다.

4.
초당에서 소식 오기를
오늘 친구가 묵고 간다네.
울타리 밑에 누런 닭 자랐는데
기장 쪼아서 살져 있었지.
닭 잡아 부엌으로 가니
푸른 연기가 저녁에 오르네.
게다가 햇벼까지 익었으니
알알이 모두 깨끗하게 쓸었네.

草堂有消息, 今夜故人宿.
籬下黃鷄長, 啄黍肥其肉.
宰歸小廚下, 蒼烟日之夕.
況復新稻熟, 粒粒皆精鑿.

6.
아이에게 손님 오신다 일러놓고
서둘러 뜰에 가득한 꽃을 쓸게 했네.
어디쯤 명아주 지팡이 짚고 오시나
앞마을 술집에 계시다네.

兒童警客至, 忙掃滿庭花.
何處來藜杖, 前村有酒家.

8.
손님이 왔다 머물지 못하고
갑자기 저녁 틈타 떠나신다네.
가는 길 헤맬까 걱정마세요
앞마을 산에 달이 떴다오.

客來留不得, 倏忽乘昏發.
歸路不愁迷, 前村有山月.

완산의[1] 남천교를 지나며

호남의 으뜸 마을 임금님 고향
수양버들 그늘에 무지개다리 걸렸네.
풍류객들이 서로 나와서
청풍명월 좋은 밤 즐기는구나.

過完山南川橋

第一湖南豊沛邑, 垂楊影裏駕虹橋.
風流貴客爭相出, 最好淸風明月宵.

---

1. 전라북도 전주시를 백제시대에 완산이라 불렀으며, 통일신라 경덕왕 15년(756)에 전주라고 처음 불렸다. 조선왕조가 개국하면서 태조 원년(1392)에 임금의 고향이므로 완산유수부라고 승격시켰다가, 태종 3년(1403)에 전주부로 고쳤지만 문장에서는 완산이라는 이름도 계속 사용하였다. 지금은 전주시 위에 완주군이 따로 있다.

경오년 구월에 낭군이 향시에 합격하고 서울의 회시에 응시하러 가시므로 내가 시를 지어 배웅하다

반딧불 창문에서[1] 뜻 세우기가 어찌 이리 늦은지
사십년 광음을 귀밑머리만 쓰다듬었네.
장안 향해서 웃고 가세요.
돌아오실 때 울며 오지는 마세요.

庚午九月夫子擧於鄕將赴會試余送之以詩

螢窓立志此何遲, 四十光陰撫鬢絲.
又向長安先笑去, 旅床莫作後眺歸.

---

* 경오년은 1810년이다. 남편이 과거시험을 포기하고 진안에 이사 와서 농사를 짓던 무렵인데, 결국은 이때까지도 미련을 버리지 못해 서울까지 과거를 보러 올라갔음을 알 수 있다. 42세 이후의 시는 보이지 않는다.
1. 차윤은 공손하고 부지런해 게으르지 않았으며, 널리 배우고 많이 통달하였다. 집이 가난해 늘 기름을 얻을 수 없자, 여름철에는 얇은 비단 주머니에 반딧불이 수십 마리를 넣어 그 빛으로 책을 읽으며 밤에도 낮의 독서를 계속하였다. -『진서(晉書)』「차윤전(車胤傳)」
차윤의 서재를 형창(螢窓)이라 했으며, 창 밖에 쌓인 눈빛으로 책을 읽었던 손강(孫康)의 고사와 아울러 형창설안(螢窓雪案), 또는 형설지공(螢雪之功)이라고 한다.

[부록]

혼인한 날 밤 이야기
삼의당 시선 해설
原詩題目 찾아보기

혼인한 날 밤 이야기

낭군님께서 말씀하셨다.
"종신토록 남편을 어기면 안 된다고 했으니, 남편에게 허물이 있더라도 따라야 한다는 뜻인가요?"
내가 말하였다.
"명나라 사정옥(謝貞玉)이 부부지간의 도는 오륜을 다 겸비한다고 말하지 않았던가요. 아버지에게는 잘못을 간하는 아들이 있고, 임금에게는 잘못을 간하는 신하가 있으며, 형제는 서로 올바름으로 권면하고, 벗 사이에는 착한 일을 하도록 서로 권하니, 부부 사이에만 어찌 도가 없겠습니까. 그렇다면 제가 말씀드린 '지아비를 어기지 않는다'는 것이 어찌 지아비의 허물도 따른다는 뜻이겠습니까?"

낭군님께서 내가 고시(古詩)를 조금 섭렵했음을 알고 옛사람의 시 가운데 어떤 구절이 가장 아름다운지 물으셨기에, 내가 대답하였다.
"배공(裵公)이 베푼 자리에서 백낙천(白樂天)을 압도한 것은 양여사(楊汝士)의 시였고, 악공들이 누대 위에 올라가 아름다운 기녀에게 노래한 것은 왕지환(王之煥)의 사(詞)였습니다만, 저는 그들의 시를 모두 취하지 않겠습니다. 그러나 두목(杜牧)이 '평생 오색 실로 순임금의 의상을 기우고 싶구나[平生五色線, 願補舜衣裳]'라는 구절은 제가 평소에 읊는 것입니다."

낭군님께서 말씀하였다.

"부인은 어찌 이 시를 취하시오. 이 시의 뜻이 남자에게 있어서라면 그럴 듯하지만, 부인에게는 불가하오."

내가 말하였다.

"임금에게 충성하고 나라를 사랑하는 것이 어찌 남자만의 일이겠습니까. 국가로 말하자면 부인이 불충하고 망하지 않은 나라는 거의 드뭅니다. 달기(妲己)와 주희(姝喜)가 불충하여 하나라와 은나라가 망하였고, 서시(西施)와 양귀비(楊貴妃)가 불충하여 오나라와 당나라가 나라를 기울였습니다. 주나라의 흥함은 「관저(關雎)」의 성인에서 기초하였고, 사제(姒齊)의 창성함은 「계명(鷄鳴)」의 현비(賢妃)에게서 근본한 것이니, 부녀자의 충성 또한 크지 않습니까. 국부(國婦)의 불충함은 한 나라를 좀먹고, 가부(家婦)의 불충함은 한 집안을 좀먹습니다. 하물며 부부는 인륜의 시작으로 한 집안의 임금과 신하에 해당하니, 부부가 서로 충성하고 사랑하지 않는다면 집안의 도가 이루어지지 않고, 그 집안은 반드시 망합니다. 전(傳)에 이른바 '군자의 도는 그 실마리가 부부 사이에서 시작된다'는 것이 이것입니다."

낭군님께서 말씀하셨다.

"사람의 도 가운데 효보다 앞서는 것은 없소. 그런데 사람들은 어찌 어버이에게 효도하는 방법을 늘 스스로 외우지 않고, 임금에게 충성하는 도만 급급히 여기는 것이오?"

내가 말하였다.

"부자(父子) 사이는 천륜이니, 어버이를 섬기는 도는 사람들이 쉽게 알 수 있습니다. 그러나 군신(君臣) 사이는 의로써 합하니, 임금 섬기는 도를 사람들이 잘하기 어려운 것입니다. 그

러므로 쉽게 알 수 있는 것에는 노력을 더하지 않고, 하기 어려운 곳에만 더욱 힘을 들입니다. 게다가 임금을 섬겨서 부모님을 드러내는 것이 가장 큰 효입니다. 옛날 공자님께서 증자에게 이르시기를 '입신하여 이름을 날려 부모님을 드러내는 것이 효의 맺음이다'라고 하셨으니, 효친(孝親)의 도가 어찌 충군(忠君)보다 앞서겠습니까?"

낭군님께서 말씀하셨다.

"옛날 왕응(王凝)의 아내 사씨(謝氏)는 길보(吉甫)가 지어 부른 '화목하기 청풍같다[穆如淸風]'는 구절로 모시(毛詩)에 관한 물음에 답했고, 허윤(許允)의 아내 간씨(阮氏)는 '색을 좋아하고 덕을 좋아하지 않는다[好色不好德]'는 구절로 사덕(四德)에 관한 질문에 답했소. 지금 부인이 시를 취하는 법은 사씨의 대답과 다르지만, 충효에 관한 말은 간씨의 풍(諷)보다 낫다고 할 만하오."

그리고는 마침내 절구 두 편을 지으셨다.

　　세상에 사내가 몇이나 있나.
　　충성과 효성 갖춘 한 부인이 있네.
　　우리 동방 사백년의
　　풍화를 여기서 볼 수 있구려.
　　世間幾男兒, 忠孝一婦子.
　　吾東四百年, 風化觀於此.

　　이 사람이 가법을 잘 지키리니
　　모름지기 고시를 보아 취하네.

평생 충성하고 효성하려는 뜻이
여인에게도 이르지 못한 게 부끄럽구려.
之子宜家法, 須看取古詩.
平生忠孝意, 愧不及蛾眉. -「예성야기화(禮成夜記話)」

삼의당 시선 해설

　삼의당 김씨는 1769년(영조 45) 10월 13일 전라도 남원의 서봉방(棲鳳坊)에서 연산군 시대의 학자 탁영(濯纓) 김일손(金馹孫)의 후손인 김인혁(金仁赫)의 딸로 태어났다. 삼의당은 영락한 가문에서 출생하였으나 내칙과 경서를 두루 섭렵하며 시문에 남다른 재주를 보였다. 그녀는 18세 되던 해에 (1786년) 한 동네에 살며 생년월일이 같은 담락당(湛樂堂) 하립(河漻)과 결혼하였다.

　하립은 진양(晋陽) 하씨(河氏)의 후손으로 세종 때 영의정을 지낸 경재(敬齋) 하연(河演)이 그의 12대 선조이다. 하씨 집안은 하경재 이래 경기도 안산에서 세거하다 후에 전라도 남원 서봉방으로 이주해 살았다. 이후 7대조 청천(菁川) 하응림(河應臨)이 교리(校理 정5품)를 지낸 것 외에 이렇다 할 벼슬에 오른 선조는 보이지 않는다. 조부 하한징(河漢澄)과 아버지 하경천(河經天)은 경학에 전념하던 향반(鄕班)이었다. 삼의당 김씨와 하립은 성장 배경과 가정환경이 유사하여 정서적으로 일체감을 갖게 되었고 목표 의식도 같았던 것으로 보인다.

　삼의당과 하립은 결혼한 후 가문의 부흥과 효도를 위해 하립이 과업을 준비하는 동안 근 15여년을 떨어져 살았다. 그러나 하립은 끝내 과거에 급제하지 못해 과업을 포기하였고, 그들의 나이 33세 되던 해인 1801년 진안(鎭安) 마령(馬靈)으로 이주하여 본격적으로 농사를 지으며 살았다. 삼의당은 1823

년 54세의 나이로 생을 마쳤다. 이들 부부는 전북 진안군 백운면 덕현리에 나란히 묻혔고 마이산 입구 관암 바위 마주 보는 곳에 시비가 세워져 있다.

삼의당의 문집은 그녀가 죽은 후 한참의 세월이 흐른 1930년에서야 비로소 『삼의당 김부인유고』라는 이름으로 간행되었고, 1950년에 『조선역대여류문집』에 문집의 전 작품이 수록되어 세상에 소개되었다. 그녀의 문집은 2권 1책으로 구성되어 있으며 1권에는 한시, 2권에는 산문이 실려 있다. 1권에는 111편 253수의 시가 있는데 이 가운데 15수는 하립의 작품이다. 2권에는 서(書), 서(序), 제문(祭文) 등의 산문 26편이 있다.

삼의당은 총명하고 민첩하며 곱고 순하고 정숙한 여성으로 평가되고 있으며, 하립은 두뇌가 명민하여 사리판단이 분명하였을 뿐만 아니라 천성이 선량했던 사람으로 평가된다.

삼의당의 시는 삼의당의 생애주기에 따라 순차적으로 쓰여졌다. 결혼을 기점으로 하여 출가하기 전과 결혼 후 아내로서의 생활과 감정의 변화를 읊은 그녀의 시는 일대기적 성격을 띠고 있다.

「계년음(笄年吟)」은 삼의당이 15세에 계례를 치르면서 지은 시인데 이 시를 통해 삼의당의 출가 전 모습을 엿볼 수 있다. 삼의당은 남녀유별과 순종을 중요시하면서 당시대 유교 윤리와 규범에서 벗어나지 않았던 여성이었다. 「송형우귀(送兄于歸)」에서는 함께 자란 언니가 시집을 가게 되자 섭섭함을 토로하는 지극히 평범한 소녀의 모습을 보이고 있지만, 일반 여성과 다른 점이 있다면 「독서유감(讀書有感)」 등의 시에서 나타나는 바와 같이 폭넓은 독서 경험을 했고 시의 본질과 효용에 대해 생각해보는 등 시에 특별한 관심을 갖고 활발한 시작 활동을 했다는 사실을 들 수 있다.

삼의당은 결혼한 후 적극적으로 많은 시를 지었다. 첫날밤 천생연분임을 확인하며 남편과 주고받은 시를 시작으로 하여, 마주보며 봄날의 달빛을 즐기는 신혼 시절의 시는 경쾌하고 밝은 어조를 띠고 있다. 우리 한시에는 부부간의 애정을 읊은 시가 그리 많지 않은데 이런 점에서 삼의당의 시는 예외적이라고 할 수 있다.

하지만 행복했던 신혼도 잠시, 가문의 부흥을 책임져야 한다는 막중한 사명을 안고 남편이 과거 공부를 위해 집을 떠난 후 지어진 많은 시는 그리움과 외로움의 정서가 묻어나며 쓸쓸한 정조를 갖는다. 아직 젊은 꽃다운 신부는 남편을 위로하고 격려하며 때로는 자신에 대한 그리움 때문에 마음 흔들리는 남편을 경계하여 면학에 정진하게 하는 냉엄한 자세를 보이기도 한다. 하지만 "여자들은 여려서 마음 아프기 쉬우니 그리운 마음 들 때마다 시를 읊지요.(女兒柔質易傷心. 所以相思每發吟)"라고 하며 남편에 대한 그리움을 시로 달랬다.

신혼의 즐거움을 읊었던 시기의 봄이라는 시간은 사랑하는 사람과 어울려 놀기에 더 없이 좋았던 시절이었다면 남편과 헤어져 살던 시기에 맞은 봄은 남편의 부재로 인한 결핍과 상실을 환기시키는 잔혹한 계절이었다. 「춘경(春景)」, 「춘뇌곡(春惱曲)」 등의 시는 여인의 상심(傷心)을 진솔하게 읊으면서 자신의 감정을 절제하는 모습을 보이고 있다. 하지만 "하룻밤 그리움이 얼마나 괴로웠는지 알고 싶으면 비단이불 붙잡고 눈물자국 살펴보소.(欲知一夜相思苦, 試把羅衾撿淚痕)"라고 읊은 「춘규사(春閨詞)」에서는 직설적이고 대담한 감정 표현을 하여 조선 여성의 색다른 모습을 보이기도 한다. 「절화(折花)」, 「대화(對花)」 등의 시에서는 여성의 섬세한 미감이 돋보인다.

삼의당에게 봄이 지난날의 추억을 상기시켜 주고 그것의 부재를 일깨우는 계절로 등장했다면, 가을은 시상을 확장하는 숙고의 계절이었다. 스스로 "시상은 어느 곳에 많을까, 밝은 달이 서창을 비추는 밤이지.(詩思何處多, 明月西牕夜)"라고 고백한 삼의당은 「추규사(秋閨詞)」, 「추야우(秋夜雨)」, 「추야월(秋夜月)」, 「청야급수(淸夜汲水)」 등 가을을 배경으로 한 시를 남겼는데 이들 작품은 청한(淸寒)한 이미지를 살려 깔끔하고 정적인 정취를 자아낸 수작이다.

남편의 등과(登科)는 남편은 물론 시집 식구와 삼의당의 평생의 숙원이었다. 하지만 15여년의 독수공방과 머리카락을 자르고 베를 짜며 뒷바라지 했던 보람도 없이 남편은 끝내 등과하지 못한 채 과업에 대한 꿈을 접고 만다. 이후 남편의 뜻에 따라 이들은 거주지를 옮겨 본격적으로 농사를 짓기 시작한다. 이때 지은 「부자어산양매전수경근력가색첩작농구수편이가지(夫子於山陽買田數頃勤力稼穡妾作農謳數篇以歌之)」, 「춘일즉사(春日卽事)」, 「촌거즉사(村居卽事)」, 「목적(牧笛)」 등은 농촌의 삶과 노동의 건강함을 민요풍으로 읊은 시들이다. 농촌 생활의 경험을 바탕으로 쓰여진 이 시들은 소박하면서도 사실적이다. 농촌의 아낙네로 살아가면서 경제적으로 궁핍했지만 정신만은 누구보다 여유롭고 풍요롭고자 했던 삼의당은 이 시기에 「권학음(勸學吟)」, 「초당즉사(草堂卽事)」 등의 시를 지어

올곧은 정신세계를 지향하는 모습을 보이기도 한다. 그 어느 때보다 경제적인 궁핍이 심했고 두 딸을 잃는 참척의 고통을 받는 등 어려움과 고난이 많았던 시기였지만, 삼의당은 불만을 토로하는 대신 긍정적인 자세로 자신에게 주어진 삶을 사는 방식을 택했다.

삼의당 문집에 실린 마지막 시는 1810년에 지은 「경오구월부자거어향장부회시여송지이시(庚午九月夫子擧於鄕將赴會試余送之以詩)」이다. 이후로 삼의당은 12년을 더 살았는데 무슨 이유에서인지 더 이상의 시는 보이지 않는다.

삼의당은 "성정에서 나오는 것이 바로 시이니 시를 보면 참으로 그 사람을 아네. 마음속에 있는 것이 밖으로 나와 다른 사람 속이려 해도 속일 수 없네.(出於性情方爲詩. 見詩固可其人知. 存諸中者形諸外, 雖欲欺人焉得欺)"라고 하며 시에 대한 깊지도 얕지도 않은 인식을 보이고 있는데 이를 요약하면 시적 진실에 대한 이해라고 할 수 있다. 그녀의 시에 대한 정확한 이해는 실천으로 이어졌다.

삼의당은 자신이 생활하면서 겪은 경험을 바탕으로 감정을 진솔하게 표현하였다. 삼의당 시의 많은 부분을 차지하는, 부부의 애정을 읊은 시에는 몰락한 가문을 일으켜보겠다는 의지로 남편을 멀리 공부하러 보내고 난 후 외로움과 그리움에 잠 못 드는 젊은 아낙네의 한숨과 고뇌가 고스란히 담겨져 있다. 부부간의 애정은 때로는 절제되어 표현되기도 하고 때로는 놀라울 정도로 대담하게 표현되기도 하였다. 삼의당은 또한 자신의 감정을 주변의 소재에 얹어 친근하고 단순하게 드러냈다. 삼의당의 시는 5언과 7언이 주류를 이루며, 형식이 다양

하거나 수사가 화려하지는 않지만 소박하여 질리지 않는 맛을 지니고 있다. 삼의당 시에서 형식적 특징을 든다면 다수의 연시(聯詩) 형식을 들 수 있는데, 연시 창작은 긴 호흡으로 사물을 연관 지어 생각해낼 수 있어야 창작이 가능하다는 점에서 삼의당의 깊은 사고력과 통찰력 그리고 시적 재능을 엿볼 수 있다.

사실 삼의당의 삶은 사대부 여성에 비교해보면 초라하다. 오로지 가문의 부흥이 남편의 등과에만 있는 가난한 향촌의 며느리가 된 삼의당은 남편의 공부를 뒷바라지하기 위해 머리 자르고 비녀를 팔아야하는 궁핍한 상황에 있었다. 그러나 그러한 노력과 기대는 번번이 무산되었고 남편은 결국 실패하고 말았다. 그녀는 적지 않은 나이에 새로운 삶의 영역을 찾아 낯선 곳에서 본격적으로 농사일을 시작했다. 이 시기에 삼의당은 두 딸을 잃는 모진 고통도 겪어야 했다. 하지만 삼의당은 그 누구에 대한 원망도 보이지 않고 모든 것을 수용하는 자세를 보인다. 삼의당은 남편에게는 끊임없이 격려하고 위로하며 내조하였고, 자신의 인생에 대해서는 포용하고 받아들이는 겸허함을 보였다.

삼의당 김씨의 시는 "깊은 골짜기에 그윽하게 핀 난초(空谷幽蘭)"같다는 평과 "의로서 정을 제압하였다(以義制情)"는 평을 받았다. 소박하지만 깊은 향을 갖고 있으며 절제된 아름다움을 갖춘 삼의당의 시에 대한 정확한 비평이라고 생각한다.

삼의당은 시를 통해 자신의 삶과 감정을 있는 그대로 꾸밈없이 드러내었고 많은 양의 작품을 남겨 여성 문학의 맥을 잇고 있다는 점에서 그 문학사적 가치를 찾을 수 있다. 한편, 삼의당의 시를 통해 18세기 향촌 부부의 삶과 사랑, 그리고 시골 아낙네의 희망과 좌절, 욕망, 시련, 체념 등 당시 여성의 숨결을 느낄 수 있어 흥미롭다.

- 황수연

原詩題目·찾아보기

笄年吟 三首 ■ 11
讀書有感 九首 ■ 16
無題 五首 ■ 22
送兄于歸 三章 ■ 25
同里有河氏家雖貧而世以文學鳴有子六人其第三曰湜風彩俊偉才藝通敏父母每往見奇之遣媒妁結婚姻遂行巹禮禮成之夜夫子連吟二絶妾連和之 ■ 28
夫子扁我所居曰三宜堂書畵滿壁惟古之烈女貞婦孝子忠臣花卉繞砌惟牧丹芍藥松竹蘭菊夫子賦詩題其塢妾和之 ■ 30
和夫子詩 二首 ■ 32
奉夫子夜至東園月色正好花影滿地夫子吟詩一絶妾和之 ■ 34
夫子入山讀書以詩寄之妾和之 ■ 36
夫子居山數年勤其業受父訓將入于京妾以詩贈之 五首 ■ 38
夫子在京有書尾附以詩妾和之 ■ 40
寄在京夫子 ■ 42
科後自吟 ■ 44
夫子自京經年未歸余題詩以伸情私 四首 ■ 45
春閨詞 十八首 ■ 46
春景 八首 ■ 48

折花 ■ 50
對花 ■ 51
春惱曲 四首 ■ 52
秋閨詞 十一首 ■ 54
秋夜雨 二首 ■ 55
秋夜月 三首 ■ 56
淸夜汲水 ■ 57
西窓 ■ 58
擣衣詞 ■ 59
十二月詞
　正月 上元 ■ 60
　七月 七夕 ■ 61
逢美人 ■ 62
作浙江春怨曲 五首 ■ 63
見陌上採桑女吟 ■ 66
大道 二首 ■ 67
過廣寒樓作降仙詞 ■ 68
過城東吟 ■ 69
花滿枝 ■ 70
過凌寒閣吟 ■ 71
夫子久遊不得意及歸余慰之曰富貴在天雲宵不可一蹴而上窮達有時志業不可一行而決只是有志者事竟成更加勤業以圖再擧憑聞京華文章之盛卽吟一律 ■ 72
夫子又入山讀書値七夕寄詩妾和之 ■ 74

原詩題目·찾아보기

寄入山夫子 ■ 76
贈上京夫子 九首 ■ 79
夫子作京行臨發勸之以酒效古人勸酒歌歌之以侑 三首 ■ 82
奉夫子見落花吟 ■ 84
草堂奉夫子吟 ■ 86
與夫子吟 ■ 88
夫子於山陽買田數頃勤力稼穡妾作農謳數篇以歌之 八首 ■ 90
春日卽事 五首 ■ 92
村居卽事 八首 ■ 93
牧笛 三首 ■ 94
故尙書權公예卽王舅考之所相重也每以書信相問敬禮深摯簡牘尙傳披覽題詩 ■ 96
六月二十五日卽尊舅之晬辰也道伯元公仁孫以奇壺盛酒餽之乃遠方奇恠之物也因以傳家適傷脣足以松脂塗傳之遂吟一絶 ■ 97
壬戌冬學士沈公象奎僦居南原有種竹韻夫子傳誦之妾次之 二首 ■ 98
甲子三月二十六日奄遭尊舅之喪家貧無由盡初終之節貸人錢以畢喪葬之禮過期未報夫子欲辨債資出外送之以詩 ■ 100
守門將方公禹鼎來佐幕府送素

團扇夫子題其面妾次之 ■ 102
夫子以白布謝方守門將妾替次之 ■ 103
嫁二女 ■ 104
謹述湛樂堂五昆季孝行
　敬祀先祖 ■ 106
　警諭群弟 ■ 107
無題 ■ 108
勸學吟 ■ 109
述懷 ■ 110
村居卽事 三首 ■ 111
草堂卽事 十首 ■ 113
過完山南川橋 ■ 117
庚午九月夫子擧於鄕將赴會試余送之以詩 ■ 118

옮긴이 **허경진**은 연세대학교 국어국문학과를 졸업하고,
동대학원에서 문학박사 학위를 받았다. 목원대학교 국어교육과 교수와
열상고전연구회 회장을 거쳐, 현재 연세대학교 국문과 교수로 재직 중이다.
『한국의 한시』 총서 외 주요저서로는 『조선위항문학사』, 『허균』,
『허균 시 연구』, 『대전지역 누정문학연구』, 『한국의 읍성』 등이 있고,
옮긴 책으로는 『연암 박지원 소설집』, 『매천야록』,
『서유견문』, 『삼국유사』, 『택리지』, 『한국역대한시시화』,
『허균의 시화』 등 다수가 있다.

韓國의 漢詩 85
三宜堂 金氏 詩選

초판 1쇄 인쇄 2008년 1월 25일
초판 1쇄 발행 2008년 1월 30일

옮 긴 이   허경진
펴 낸 이   이정옥
펴 낸 곳   평민사

주　 소   서울시 서대문구 남가좌2동 370-40
전　 화   375-8571(대표) / 팩스 · 375-8573
　　　　 평민사의 모든 자료를 한눈에 볼 수 있는 블로그
　　　　 http://blog.naver.com/pyung1976
　　　　 e-mail: pyung1976@naver.com

등록번호   제10-328호

　값　 6,000원

　　　　 ISBN 978-89-7115-503-5   04810
　　　　 ISBN 978-89-7115-476-2   (set)

＊인지가 없거나 잘못 만들어진 책은 바꾸어 드립니다.
＊이 책은 저작권법 제97조의 5(권리의 침해죄)에 따라 보호받는 저작물로
　저자의 서면동의가 없이 그 내용을 전체 또는 부분적으로 어떤 수단 · 방법으로나
　복제 및 전산 장치에 입력, 유포할 경우 민 · 형사상 피해를 입을 수 있음을 밝힙니다.